TABLETTES

DE

L'INVENTEUR

ET DU

BREVETÉ

A L'USAGE DE CEUX QUI VEULENT OBTENIR OU QUI POSSÈDENT
UN BREVET D'INVENTION

EN FRANCE OU A L'ÉTRANGER

LOIS SUR LES BREVETS D'INVENTION. — MARQUES ET DESSINS DE FABRIQUE.
PRÉPARATION DES PIÈCES — FORMALITÉS ADMINISTRATIVES. — CONTREFAÇON.
CESSIONS ET LICENCES. — MANDATAIRES. — POUVOIRS. — ETC.

ET

TABLEAU SYNOPTIQUE ET COMPARATIF
DES LÉGISLATIONS FRANÇAISE ET ÉTRANGÈRES SUR LES BREVETS D'INVENTION

PAR

CH. THIRION
INGÉNIEUR CIVIL
Ancien élève de l'École centrale des Arts et Manufactures
Membre de la Société des Ingénieurs civils, de la Société d'Encouragement, etc.
Conseil en matière de Brevets d'invention

A PARIS, CHEZ L'AUTEUR
A L'OFFICE INDUSTRIEL DES BREVETS D'INVENTION
95, BOULEVARD BEAUMARCHAIS, 95
ET CHEZ LES PRINCIPAUX LIBRAIRES
1865

TABLETTES

DE

L'INVENTEUR

ET DU

BREVETÉ

(C.)

TABLETTES

DE

L'INVENTEUR

ET DU

BREVETÉ

A L'USAGE DE CEUX QUI VEULENT OBTENIR OU QUI POSSÈDENT
UN BREVET D'INVENTION

EN FRANCE OU A L'ÉTRANGER

LOIS SUR LES BREVETS D'INVENTION. — MARQUES ET DESSINS DE FABRIQUE.
PRÉPARATION DES PIÈCES. — FORMALITÉS ADMINISTRATIVES. — CONTREFAÇON.
CESSIONS ET LICENCES. — MANDATAIRES. — POUVOIRS. — ETC.

ET

TABLEAU SYNOPTIQUE ET COMPARATIF
DES LÉGISLATIONS FRANÇAISE ET ÉTRANGÈRES SUR LES BREVETS D'INVENTION

PAR

CH. THIRION
INGÉNIEUR CIVIL
Ancien élève de l'École centrale des Arts et Manufactures
Membre de la Société des Ingénieurs civils, de la Société d'Encouragement, etc.
Conseil en matière de Brevets d'invention

A PARIS, CHEZ L'AUTEUR
A L'OFFICE INDUSTRIEL DES BREVETS D'INVENTION
95, BOULEVARD BEAUMARCHAIS, 95
ET CHEZ LES PRINCIPAUX LIBRAIRES
1865

INTRODUCTION.

Depuis que nous nous occupons, comme ingénieur civil, de l'installation des usines, des constructions de machines et des principales questions industrielles, nous avons suivi d'une manière toute particulière le développement des idées nouvelles et leurs progrès dans les diverses branches de l'industrie.

Ce rapprochement constant avec les manufactures et leurs représentants, et la diversité des travaux que nous avons été appelé à exécuter, nous ont permis d'apprécier le rôle important dévolu aujourd'hui, dans l'industrie, aux idées de progrès, et les efforts tentés chaque jour en vue de perfectionner tous les genres de fabrication.

Cette obligation d'innover résulte nécessairement de la concurrence qui veut que les prix diminuent en même temps que la fabrication s'améliore; concurrence, qui, augmentée encore par suite des traités de commerce avec l'étranger, amène cette conséquence naturelle, que l'industrie ne peut rester stationnaire; si elle ne marche pas en avant en se perfectionnant chaque jour, elle recule fatalement.

L'époque est donc aux chercheurs, aux innovateurs; c'est une lutte d'intelligence dans laquelle tous veulent parvenir, et cette lutte est d'autant plus vive que chacun sait, qu'à l'abri de la loi, le succès peut couronner des efforts intelligents, et que, — malgré l'opinion de quelques personnes qui ne considèrent pas à son véritable point de vue l'avantage résultant pour l'industrie de la protection accordée aux inventeurs, — ce n'est pas au moment où le droit de propriété des œuvres de l'intelligence vient d'être consacré d'une manière solennelle, qu'il serait possible de dépouiller l'inventeur industriel du résultat légitime d'un travail qu'il n'a pu mener à bien qu'à l'aide d'efforts longs et pénibles, et souvent de sacrifices pécuniaires considérables.

N'est-il pas d'ailleurs évident que la société, profitant du travail de l'inventeur, lui doit une juste rémunération de son labeur et de son initiative, et n'y aurait-il pas lieu de craindre que, faute de ce stimulant, la gloire seule ne pût suffire à provoquer les progrès des arts industriels?

L'industrie repose donc aujourd'hui, en grande partie, sur les procédés brevetés. Elle n'en est que plus florissante; mais la position du fabricant, du manufacturier, en est rendue plus délicate s'il veut innover ou perfectionner à son tour, et il doit se préoccuper des conditions générales qui sont de nature à lui assurer la solidité du titre qui, entre ses mains, devient la sauvegarde de ses droits. Ce titre, c'est le brevet d'invention qu'il sollicite, et qui lui garantit, pour un temps déterminé, le privilége exclusif de son œuvre.

L'étude très-complète que nous avons faite de toutes les difficultés que peuvent présenter les questions relatives aux brevets d'invention, et surtout ce qu'il nous a été donné de voir, tant dans les faits qui se sont présentés à nous, que dans les procès que nous avons suivis, soit en qualité de conseil industriel, soit comme expert ou arbitre, nous ont amené à reconnaître que ces questions ne sont pas toujours traitées avec toute l'attention qu'elles exigent, et qu'un grand nombre d'inventeurs n'apportent pas, dans l'étude préalable de leur idée, ou dans la préparation des différentes pièces de leur demande, tout le soin nécessaire, parce qu'ils n'apprécient pas, comme il conviendrait, toutes les conséquences qui peuvent résulter, soit d'une trop grande confiance dans le mérite réel ou la nouveauté de leur découverte, soit d'une rédaction incomplète ou mal étudiée des dessins et mémoires qui constituent le titre qui sert de base à la propriété exclusive qu'ils revendiquent.

L'existence d'un brevet peut cependant être excessivement tourmentée, et, bien souvent, il est appelé à passer par les rudes épreuves des procès en contrefaçon, dans lesquelles sa validité est presque toujours mise en question.

Il est donc du plus grand intérêt pour l'inventeur de posséder un titre sérieux établissant nettement le principe de sa découverte, ce qui n'a lieu qu'autant que, dans la rédaction, il a déterminé avec toute l'exactitude possible les points qu'il peut revendiquer comme nouveaux, en tenant compte du domaine public et des droits des tiers.

Nous avons pensé qu'il ne serait pas inutile de prémunir les inventeurs contre les dangers qui peuvent être la conséquence, dans la rédaction des pièces de leurs brevets, du défaut d'expérience et du manque des connaissances spéciales qui ne s'acquièrent que par une longue habitude.

Nous avons donc cherché à réunir, dans notre travail, les divers renseignements pratiques les plus utiles à connaître pour ceux qui veulent obtenir, ou qui possèdent un brevet d'invention, et nous avons, autant que possible, suivi l'ordre même dans lequel les faits et les formalités se présentent dans la pratique, savoir :

Recherches relatives à la brevetabilité et à la nouveauté de la découverte ;

Étude des questions qui concernent la rédaction et l'obtention du brevet;

Examen des conditions qui intéressent la conservation ou la négociation du titre.

Nous commençons par donner les textes officiels des différentes lois et ordonnances relatives aux brevets d'invention, aux marques et aux dessins de fabrique; le lecteur, ayant ainsi constamment sous les yeux le texte même de la loi et son interprétation pratique, pourra, en se reportant à la première partie, comprise sous la dénomination de « documents officiels, » apprécier l'esprit général qui préside à l'application pratique des lois qui régissent les diverses matières que nous avons traitées, et les limites dans lesquelles cette application doit être maintenue.

Enfin, après quelques considérations relatives aux demandes de brevets à l'étranger, nous terminons par l'étude comparative de la législation sur les brevets d'invention, dans les divers pays qui protégent la propriété industrielle. Nous avons suivi, autant qu'il nous a été possible, dans cette troisième partie de notre travail, le texte même des lois étrangères, et nous l'avons rédigée sous la forme d'un *Tableau synoptique,* cette forme étant celle qui présente le plus de facilité, soit pour les recherches à effectuer, soit pour l'étude et la comparaison de ces différentes lois entre elles.

PREMIÈRE PARTIE.

DOCUMENTS OFFICIELS.

PREMIÈRE PARTIE

DOCUMENTS OFFICIELS.

LOI FRANÇAISE SUR LES BREVETS D'INVENTION

(5 juillet 1844.)

TITRE Ier.

DISPOSITIONS GÉNÉRALES.

ART. 1er. — Toute nouvelle découverte ou invention dans tous les genres d'industrie confère à son auteur, sous les conditions et pour le temps ci-après déterminés, le droit exclusif d'exploiter à son profit ladite découverte ou invention.

Ce droit est constaté par des titres délivrés par le Gouvernement, sous le nom de *brevets d'invention*.

ART. 2. — Seront considérées comme inventions ou découvertes nouvelles :

L'invention de nouveaux produits industriels ;

L'invention de nouveaux moyens, ou l'application nouvelle de moyens connus pour l'obtention d'un résultat ou d'un produit industriel.

Art. 3. — Ne sont pas susceptibles d'être brevetés :

1° Les compositions pharmaceutiques ou remèdes de toute espèce, lesdits objets demeurant soumis aux lois et règlements spéciaux sur la matière, et notamment au décret du 18 août 1810, relatifs aux remèdes secrets ;

2° Les plans ou combinaisons de crédit ou de finances.

Art. 4. — La durée des brevets sera de cinq, dix ou quinze années.

Chaque brevet donnera lieu au payement d'une taxe, qui est fixée ainsi qu'il suit, savoir :

Cinq cents francs pour un brevet de cinq ans ;

Mille francs pour un brevet de dix ans ;

Quinze cents francs pour un brevet de quinze ans.

Cette taxe sera payée par annuités de cent francs, sous peine de déchéance si le breveté laisse écouler un terme sans l'acquitter.

TITRE II.

DES FORMALITÉS RELATIVES A LA DÉLIVRANCE DES BREVETS.

SECTION Ire.

DES DEMANDES DE BREVETS.

Art. 5. — Quiconque voudra prendre un brevet d'invention devra déposer, sous cachet, au secrétariat de la préfecture, dans le département où il est domicilié, ou dans tout autre département, en y élisant domicile :

1° Sa demande au ministre de l'agriculture et du commerce ;

2° Une description de la découverte, invention ou application faisant l'objet du brevet demandé ;

3° Les dessins ou échantillons qui seraient nécessaires pour l'intelligence de la description ;

4° Et un bordereau des pièces déposées.

Art. 6. — La demande sera limitée à un seul objet principal, avec les objets de détail qui le constituent, et les applications qui auront été indiquées.

Elle mentionnera la durée que les demandeurs entendent assigner à leur brevet dans les limites fixées par l'art. 4, et ne contiendra ni restrictions, ni conditions, ni réserves.

Elle indiquera un titre renfermant la désignation sommaire et précise de l'objet de l'invention.

La description ne pourra être écrite en langue étrangère. Elle devra être sans altérations ni surcharges. Les mots rayés comme nuls seront comptés et constatés, les pages et les renvois parafés. Elle ne devra contenir aucune dénomination de poids ou de mesures autre que celles qui sont portées au tableau annexé à la loi du 4 juillet 1837.

Les dessins seront tracés à l'encre et d'après une échelle métrique.

Un duplicata de la description et des dessins sera joint à la demande.

Toutes les pièces seront signées par le demandeur ou par un mandataire, dont le pouvoir restera annexé à la demande.

Art. 7. — Aucun dépôt ne sera reçu que sur la production d'un récépissé constatant le versement d'une somme de cent francs à valoir sur le montant de la taxe du brevet.

Un procès-verbal, dressé sans frais par le secrétaire général de la préfecture, sur un registre à ce destiné, et signé par le demandeur, constatera chaque dépôt, en énonçant le jour et l'heure de la remise des pièces.

Une expédition dudit procès-verbal sera remise au déposant, moyennant le remboursement des frais de timbre.

Art. 8. — La durée du brevet courra du jour du dépôt prescrit par l'art. 5.

SECTION II.

DE LA DÉLIVRANCE DES BREVETS.

Art. 9. — Aussitôt après l'enregistrement des demandes et dans les cinq jours de la date du dépôt, les préfets transmettront les pièces, sous le cachet de l'inventeur, au ministre de l'agriculture et du commerce, en y joignant une copie certifiée du procès-verbal du dépôt, le récépissé constatant le versement de la taxe, et, s'il y a lieu, le pouvoir mentionné dans l'art. 6.

Art. 10. — A l'arrivée des pièces au ministère de l'agriculture et du commerce, il sera procédé à l'ouverture, à l'enregistrement des demandes et à l'expédition des brevets, dans l'ordre de la réception desdites demandes.

Art. 11. — Les brevets dont la demande aura été régulièrement formée seront délivrés, sans examen préalable, aux risques et périls des demandeurs, et sans garantie, soit de la réalité, de la nouveauté ou du mérite de l'invention, soit de la fidélité ou de l'exactitude de la description.

Un arrêté du ministre, constatant la régularité de la demande, sera délivré au demandeur, et constituera le brevet d'invention.

A cet arrêté sera joint le duplicata certifié de la description et des dessins, mentionné dans l'art. 6, après que la conformité avec l'expédition originale en aura été reconnue et établie au besoin.

La première expédition des brevets sera délivrée sans frais.

Toute expédition ultérieure, demandée par le breveté ou ses ayant cause, donnera lieu au payement d'une taxe de vingt-cinq francs.

Les frais de dessin, s'il y a lieu, demeureront à la charge de l'impétrant.

Art. 12. — Toute demande dans laquelle n'auraient pas été observées les formalités prescrites par les n°s 2 et 3 de l'art. 5, et par l'art. 6, sera rejetée. La moitié de la somme versée restera acquise au trésor, mais il sera tenu compte de la totalité de cette somme au demandeur s'il reproduit sa demande dans un délai de trois mois, à compter de la date de la notification du rejet de sa requête.

Art. 13. — Lorsque, par application de l'art. 3, il n'y aura pas lieu à délivrer un brevet, la taxe sera restituée.

Art. 14. — Une ordonnance royale, insérée au Bulletin des lois, proclamera, tous les trois mois, les brevets délivrés.

Art. 15. — La durée des brevets ne pourra être prolongée que par une loi.

SECTION III.

DES CERTIFICATS D'ADDITION.

Art. 16. — Le breveté ou les ayant droit au brevet auront, pendant toute la durée du brevet, le droit d'apporter à l'invention des changements, perfectionnements ou additions, en remplissant, pour le dépôt de la demande, les formalités déterminées par les art. 5, 6 et 7.

Ces changements, perfectionnements ou additions, seront constatés par des certificats délivrés dans la même forme que le brevet principal, et qui produiront, à partir des dates respectives des demandes de leur expédition, les mêmes effets que ledit brevet principal, avec lequel ils prendront fin.

Chaque demande de certificat d'addition donnera lieu au payement d'une taxe de vingt francs.

Les certificats d'addition, pris par un des ayant droit, profiteront à tous les autres.

Art. 17. — Tout breveté qui, pour un changement, perfectionnement ou addition, voudra prendre un brevet principal de cinq, dix ou quinze années, au lieu d'un certificat d'addition expirant avec le brevet primitif, devra remplir les formalités prescrites par les art. 5, 6 et 7, et acquitter la taxe mentionnée dans l'art. 4.

Art. 18. — Nul autre que le breveté ou ses ayant droit, agissant comme il est dit ci-dessus, ne pourra, pendant une année, prendre valablement un brevet pour un changement, perfectionnement ou addition à l'invention qui fait l'objet du brevet primitif.

Néanmoins, toute personne qui voudra prendre un brevet pour changement, addition ou perfectionnement à une découverte déjà brevetée, pourra, dans le cours de ladite année, former une demande qui sera transmise et restera déposée sous cachet au ministère de l'agriculture et du commerce.

L'année expirée, le cachet sera brisé et le brevet délivré.

Toutefois, le breveté principal aura la préférence pour les changements, perfectionnements et additions pour lesquels il aurait lui-même, pendant l'année, demandé un certificat d'addition ou un brevet.

Art. 19. — Quiconque aura pris un brevet pour une découverte, invention ou application se rattachant à l'objet d'un autre brevet, n'aura aucun droit d'exploiter l'invention déjà brevetée, et réciproquement le titulaire du brevet primitif ne pourra exploiter l'invention objet du nouveau brevet.

SECTION IV.

DE LA TRANSMISSION ET DE LA CESSION DES BREVETS.

ART. 20. — Tout breveté pourra céder la totalité ou partie de la propriété de son brevet.

La cession totale ou partielle d'un brevet, soit à titre gratuit, soit à titre onéreux, ne pourra être faite que par acte notarié et après le payement de la totalité de la taxe déterminée par l'art. 4.

Aucune cession ne sera valable, à l'égard des tiers, qu'après avoir été enregistrée au secrétariat de la préfecture du département dans lequel l'acte aura été passé.

L'enregistrement des cessions et de tous autres actes emportant mutation sera fait sur la production et le dépôt d'un extrait authentique de l'acte de cession ou de mutation.

Une expédition de chaque procès-verbal d'enregistrement, accompagné de l'extrait de l'acte ci-dessus mentionné, sera transmise, par les préfets, au ministre de l'agriculture et du commerce, dans les cinq jours de la date du procès-verbal.

ART. 21. — Il sera tenu, au ministère de l'agriculture et du commerce, un registre sur lequel seront inscrites les mutations intervenues sur chaque brevet; et tous les trois mois une ordonnance royale proclamera, dans la forme déterminée par l'art. 14, les mutations enregistrées pendant le trimestre expiré.

ART. 22. — Les cessionnaires d'un brevet et ceux qui auront acquis d'un breveté ou de ses ayant droit la faculté d'exploiter la découverte ou l'invention, profiteront, de plein droit, des certificats d'addition qui seront ultérieurement délivrés au breveté ou à ses ayant droit. Réciproquement, le breveté ou ses ayant droit profiteront des certificats d'addition qui seront ultérieurement délivrés aux concessionnaires.

Tous ceux qui auront droit de profiter des certificats d'addition pourront en lever une expédition au ministère de l'agriculture et du commerce, moyennant un droit de vingt francs.

SECTION V.

DE LA COMMUNICATION ET DE LA PUBLICATION DES DESCRIPTIONS ET DESSINS DE BREVETS.

Art. 23. — Les descriptions, dessins, échantillons et modèles des brevets délivrés resteront, jusqu'à l'expiration des brevets, déposés au ministère de l'agriculture et du commerce, où ils seront communiqués sans frais à toute réquisition.

Toute personne pourra obtenir, à ses frais, copie desdites descriptions et dessins, suivant les formes qui seront déterminées dans le règlement rendu en exécution de l'article 50.

Art. 24. — Après le payement de la deuxième annuité, les descriptions et dessins seront publiés, soit textuellement, soit par extrait.

Il sera, en outre, publié, au commencement de chaque année, un catalogue contenant les titres des brevets délivrés dans le courant de l'année précédente.

Art. 25. — Le recueil des descriptions et dessins, et le catalogue publié en exécution de l'article précédent, seront déposés au ministère de l'agriculture et du commerce et au secrétariat de la préfecture de chaque département, où ils pourront être consultés sans frais.

Art. 26. — A l'expiration des brevets, les originaux des descriptions et dessins seront déposés au Conservatoire royal des arts et métiers.

TITRE III.

DES DROITS DES ÉTRANGERS.

Art. 27. — Les étrangers pourront obtenir en France des brevets d'invention.

Art. 28. — Les formalités et conditions déterminées par la présente loi seront applicables aux brevets demandés ou délivrés en exécution de l'article précédent.

Art. 29. — L'auteur d'une invention ou découverte déjà brevetée à l'étranger pourra obtenir un brevet en France; mais la durée de ce brevet ne pourra excéder celle des brevets antérieurement pris à l'étranger.

TITRE IV.

DES NULLITÉS ET DÉCHÉANCES; DES ACTIONS Y RELATIVES.

SECTION Ire.

DES NULLITÉS ET DÉCHÉANCES.

Art. 30. — Seront nuls et de nul effet les brevets délivrés dans les cas suivants, savoir :

1° Si la découverte, invention ou application n'est pas nouvelle;

2° Si la découverte, invention ou application n'est pas, aux termes de l'article 3, susceptible d'être brevetée;

3° Si les brevets portent sur des principes, méthodes, systèmes, découvertes et conceptions théoriques ou purement scientifiques, dont on n'a pas indiqué les applications industrielles ;

4° Si la découverte, invention ou application est reconnue contraire à l'ordre ou à la sûreté publique, aux bonnes mœurs ou aux lois du royaume, sans préjudice, dans ce cas et dans celui du paragraphe précédent, des peines qui pourraient être encourues pour la fabrication ou le débit d'objets prohibés ;

5° Si le titre sous lequel le brevet a été demandé indique frauduleusement un objet autre que le véritable objet de l'invention ;

6° Si la description jointe au brevet n'est pas suffisante pour l'exécution de l'invention, ou si elle n'indique pas, d'une manière complète et loyale, les véritables moyens de l'inventeur ;

7° Si le brevet a été obtenu contrairement aux dispositions de l'article 18.

Seront également nuls, et de nul effet, les certificats comprenant des changements, perfectionnements ou additions qui ne se rattacheraient pas au brevet principal.

Art. 31. — Ne sera pas réputée nouvelle toute découverte, invention ou application qui, en France ou à l'étranger, et antérieurement à la date du dépôt de la demande, aura reçu une publicité suffisante pour pouvoir être exécutée.

Art. 32. — Sera déchu de tous ses droits[1] :

1° Le breveté qui n'aura pas acquitté son annuité avant le commencement de chacune des années de la durée de son brevet ;

2° Le breveté qui n'aura pas mis en exploitation sa découverte ou invention en France, dans un délai de deux ans, à dater du jour de la signature du brevet, ou qui aura cessé de l'exploiter pendant deux années consécutives, à moins que, dans l'un ou l'autre cas, il ne justifie des causes de son inaction ;

1. Cet article a été modifié comme on le verra plus loin, page 25.

3° Le breveté qui aura introduit en France des objets fabriqués en pays étranger et semblables à ceux qui sont garantis par son brevet.

Sont exceptés des dispositions du précédent paragraphe les modèles de machines dont le ministre de l'agriculture et du commerce pourra autoriser l'introduction dans le cas prévu par l'article 29.

Art. 33. — Quiconque, dans des enseignes, annonces, prospectus, affiches, marques ou estampilles, prendra la qualité de breveté sans posséder un brevet délivré conformément aux lois, ou après l'expiration d'un brevet antérieur, ou qui, étant breveté, mentionnera sa qualité de breveté ou son brevet sans y ajouter ces mots, *sans garantie du gouvernement,* sera puni d'une amende de cinquante francs à mille francs.

En cas de récidive, l'amende pourra être portée au double.

SECTION II.

DES ACTIONS EN NULLITÉ ET EN DÉCHÉANCE.

Art. 34. — L'action en nullité et l'action en déchéance pourront être exercées par toute personne y ayant intérêt.

Ces actions, ainsi que toutes contestations relatives à la propriété des brevets, seront portées devant les tribunaux civils de première instance.

Art. 35. — Si la demande est dirigée en même temps contre le titulaire du brevet et contre un ou plusieurs cessionnaires partiels, elle sera portée devant le tribunal du domicile du titulaire du brevet.

Art. 36. — L'affaire sera instruite et jugée dans la forme prescrite, pour les matières sommaires, par les articles 405 et suivants du Code de procédure civile. Elle sera communiquée au procureur du roi.

Art. 37. — De toute instance tendant à faire prononcer la nullité ou la déchéance d'un brevet, le ministère public pourra se rendre partie intervenante et prendre des réquisitions pour faire prononcer la nullité ou la déchéance absolue du brevet.

Il pourra même se pourvoir directement, par action principale, pour faire prononcer la nullité, dans les cas prévus aux numéros 2, 4 et 5 de l'article 30.

Art. 38. — Dans les cas prévus par l'article 37, tous les ayant droit au brevet dont les titres auront été enregistrés au ministère de l'agriculture et du commerce, conformément à l'article 21, devront être mis en cause.

Art. 39. — Lorsque la nullité ou la déchéance absolue d'un brevet aura été prononcée par jugement ou arrêt ayant acquis force de chose jugée, il en sera donné avis au ministre de l'agriculture et du commerce, et la nullité ou la déchéance sera publiée dans la forme déterminée par l'article 14 pour la proclamation des brevets.

TITRE V.

DE LA CONTREFAÇON, DES POURSUITES ET DES PEINES.

Art. 40. — Toute atteinte portée aux droits du breveté, soit par la fabrication des produits, soit par l'emploi des moyens faisant l'objet de son brevet, constitue le délit de contrefaçon.

Ce délit sera puni d'une amende de cent à deux mille francs.

Art. 41. — Ceux qui auront sciemment recélé, vendu ou exposé en vente, ou introduit sur le territoire français un ou plusieurs objets contrefaits, seront punis des mêmes peines que les contrefacteurs.

Art. 42. — Les peines établies par la présente loi ne pourront être cumulées.

La peine la plus forte sera seule prononcée pour tous les faits antérieurs au premier acte de poursuite.

Art. 43. — Dans le cas de récidive, il sera prononcé, outre l'amende portée aux art. 40 et 41, un emprisonnement d'un mois à six mois.

Il y a récidive lorsqu'il a été rendu contre le prévenu, dans les cinq années antérieures, une première condamnation pour un des délits prévus par la présente loi.

Un emprisonnement d'un mois à six mois pourra aussi être prononcé, si le contrefacteur est un ouvrier ou un employé ayant travaillé dans les ateliers ou dans l'établissement du breveté, ou si le contrefacteur, s'étant associé avec un ouvrier ou un employé du breveté, a eu connaissance, par ce dernier, des procédés décrits au brevet.

Dans ce dernier cas, l'ouvrier ou employé pourra être poursuivi comme complice.

Art. 44. — L'art. 463 du Code pénal pourra être appliqué aux délits prévus par les dispositions qui précèdent.

Art. 45. — L'action correctionnelle, pour l'application des peines ci-dessus, ne pourra être exercée par le ministère public que sur la plainte de la partie lésée.

Art. 46. — Le tribunal correctionnel, saisi d'une action pour délit de contrefaçon, statuera sur les exceptions qui seraient tirées par le prévenu, soit de la nullité ou de la déchéance du brevet, soit des questions relatives à la propriété dudit brevet.

Art. 47. — Les propriétaires de brevets pourront, en vertu

d'une ordonnance du président du tribunal de première instance, faire procéder, par tous huissiers, à la désignation et description détaillées, avec ou sans saisie, des objets prétendus contrefaits.

L'ordonnance sera rendue sur simple requête et sur la représentation du brevet; elle contiendra, s'il y a lieu, la nomination d'un expert pour aider l'huissier dans sa description.

Lorsqu'il y aura lieu à la saisie, ladite ordonnance pourra imposer au requérant un cautionnement qu'il sera tenu de consigner avant d'y faire procéder.

Le cautionnement sera toujours imposé à l'étranger breveté qui requerra la saisie.

Il sera laissé copie au détenteur des objets décrits ou saisis, tant de l'ordonnance que de l'acte constatant le dépôt du cautionnement, le cas échéant; le tout, à peine de nullité et de dommages-intérêts contre l'huissier.

Art. 48. — A défaut par le requérant de s'être pourvu, soit par la voie civile, soit par la voie correctionnelle, dans le délai de huitaine, outre un jour par trois myriamètres de distance, entre le lieu où se trouvent les objets saisis ou décrits et le domicile du contrefacteur, recéleur, introducteur ou débitant, la saisie ou description sera nulle de plein droit, sans préjudice des dommages-intérêts qui pourront être réclamés, s'il y a lieu, dans la forme prescrite par l'art. 36.

Art. 49. — La confiscation des objets reconnus contrefaits, et, le cas échéant, celle des instruments ou ustensiles destinés spécialement à leur fabrication, seront, même en cas d'acquittement, prononcées contre le contrefacteur, le recéleur, l'introducteur ou le débitant.

Les objets confisqués seront remis au propriétaire du brevet, sans préjudice de plus amples dommages-intérêts et de l'affiche du jugement, s'il y a lieu.

TITRE VI.

DISPOSITIONS PARTICULIÈRES ET TRANSITOIRES.

Art. 50. — Des ordonnances royales, portant règlement d'administration publique, arrêteront les dispositions nécessaires pour l'exécution de la présente loi, qui n'aura effet que trois mois après sa promulgation.

Art. 51. — Des ordonnances rendues dans la même forme pourront régler l'application de la présente loi dans les colonies, avec les modifications qui seront jugées nécessaires.

Art. 52. — Seront abrogées, à compter du jour où la présente loi sera devenue exécutoire, les lois des 7 janvier et 25 mai 1791, celle du 20 septembre 1792, l'arrêté du 17 vendémiaire an VII, l'arrêté du 5 vendémiaire an IX, les décrets des 25 novembre 1806 et 25 janvier 1807, et toutes dispositions antérieures à la présente loi, relatives aux brevets d'invention, d'importation et de perfectionnement.

Art. 53. — Les brevets d'invention, d'importation et de perfectionnement actuellement en exercice, délivrés conformément aux lois antérieures à la présente, ou prorogés par ordonnance royale, conserveront leur effet pendant tout le temps qui aura été assigné à leur durée.

Art. 54. — Les procédures commencées avant la promulgation de la présente loi, seront mises à fin, conformément aux lois antérieures.

Toute action, soit en contrefaçon, soit en nullité ou déchéance de brevet, non encore intentée, sera suivie, conformément aux dispositions de la présente loi, alors même qu'il s'agirait de brevets délivrés antérieurement.

Signé : Louis-Philippe.

ARRÊTÉ

RÉGLANT L'APPLICATION DANS LES COLONIES DE LA LOI DU 5 JUILLET 1844.

Au nom du peuple français,

Le président du conseil des ministres, chargé du pouvoir exécutif, sur le rapport du ministre de l'agriculture et du commerce;

Vu l'art. 51 de la loi du 5 juillet 1844;

Vu l'avis du ministre de la marine et des colonies;

Le conseil d'État entendu;

Arrête :

ART. 1er. — La loi du 5 juillet 1844 sur les brevets d'invention recevra son application dans les colonies à partir de la publication du présent arrêté.

ART. 2. — Quiconque voudra prendre dans les colonies un brevet d'invention devra déposer, en triple expédition, les pièces exigées par l'art. 5 de la loi précitée, dans les bureaux du directeur de l'intérieur.

Le procès-verbal constatant ce dépôt sera dressé sur un registre à ce destiné, et signé par ce fonctionnaire et par le demandeur, conformément à l'art. 7 de ladite loi.

ART. 3. — Avant de procéder à la rédaction du procès-verbal de dépôt, le directeur de l'intérieur se fera représenter :

1° Le récépissé délivré par le trésorier de la colonie, constatant le versement de la somme de cent francs pour la première annuité de la taxe;

2° Chacune des pièces, en triple expédition, énoncées aux paragraphes 1, 2, 3 et 4 de l'art. 5 de la loi du 5 juillet 1844;

Une expédition de chacune de ces pièces restera déposée sous cachet dans les bureaux de la direction pour y recourir au besoin. Les deux autres expéditions seront enfermées dans une seule enveloppe, scellée et cachetée par le déposant.

Art. 4. — Le gouverneur de chaque colonie devra, dans le plus bref délai, après l'enregistrement des demandes, transmettre au ministre de l'agriculture et du commerce, par l'entremise du ministre de la marine et des colonies, l'enveloppe cachetée contenant les deux expéditions dont il s'agit, en y joignant une copie certifiée du procès-verbal, le récépissé du versement de la première annuité, et, le cas échéant, le pouvoir du mandataire.

Art. 5. — Les brevets délivrés seront transmis dans le plus bref délai aux titulaires par l'entremise du ministre de la marine et des colonies.

Art. 6. — L'enregistrement des cessions de brevets dont il est parlé en l'art. 20 de la loi du 5 juillet 1844 devra s'effectuer dans les bureaux des directeurs de l'intérieur.

Les expéditions des procès-verbaux d'enregistrement, accompagnées des extraits authentiques d'actes de cession et des récépissés de la totalité de la taxe, seront transmises au ministre de l'agriculture et du commerce, conformément à l'art. 4 du présent arrêté.

Art. 7. — Les taxes prescrites par les art. 4, 7, 11 et 22 de la loi du 5 juillet seront versées entre les mains du trésorier de chaque colonie, qui devra faire opérer le versement au trésor public, et transmettre au ministre de l'agriculture et du commerce, par la même voie, l'état de recouvrement des taxes.

Art. 8. — Les actions pour délit de contrefaçon seront jugées par la Cour d'appel dans les colonies.

Le délai des distances, fixé par l'art. 48 de ladite loi, sera modifié conformément aux ordonnances qui, dans les colonies, régissent la procédure en matière civile.

Art. 9. — Le ministre de l'agriculture et du commerce et le ministre de la marine et des colonies sont chargés, chacun en ce qui le concerne, de l'exécution du présent arrêté.

Fait à Paris, le 21 octobre 1848.

Signé : E. Cavaignac.

LOI DU 31 MAI 1856

QUI MODIFIE L'ARTICLE 32 DE LA LOI DU 5 JUILLET 1844 SUR LES BREVETS D'INVENTION.

Le Corps législatif a adopté le projet de loi dont la teneur suit :

Article unique. — L'art. 32 de la loi du 5 juillet 1844, sur les brevets d'invention, est modifié comme il suit :

Sera déchu de tous ses droits :

1° Le breveté qui n'aura pas acquitté son annuité avant le commencement de chacune des années de la durée de son brevet ;

2° Le breveté qui n'aura pas mis en exploitation sa découverte ou invention, en France, dans le délai de deux ans, à dater du jour de la signature du brevet, ou qui aura cessé de l'exploiter pendant deux années consécutives, à moins que, dans l'un ou l'autre cas, il ne justifie des causes de son inaction ;

3° Le breveté qui aura introduit en France des objets fabriqués en pays étrangers et semblables à ceux qui sont garantis par son brevet.

Néanmoins, le ministre de l'agriculture, du commerce et des travaux publics, pourra autoriser l'introduction :

1° Des modèles de machines ;

2° Des objets fabriqués à l'étranger, destinés à des expositions publiques ou à des essais faits avec l'assentiment du gouvernement.

Signé : Napoléon.

INSTRUCTION MINISTÉRIELLE

RELATIVE AUX DEMANDES DE BREVETS D'INVENTION EN CONFORMITÉ DE LA LOI DU 5 JUILLET 1844.

Les brevets d'invention sont régis par la loi du 5 juillet 1844.

Cette loi reconnaît :

1° Des brevets d'invention;

2° Des certificats d'addition.

Les brevets d'invention sont de cinq, dix ou quinze années, au choix du demandeur; la durée d'un brevet ne peut être prolongée après sa délivrance.

Chaque brevet donne lieu au payement d'une taxe qui est fixée ainsi qu'il suit, savoir :

Cinq cents francs pour un brevet de cinq ans;

Mille francs pour un brevet de dix ans;

Quinze cents francs pour un brevet de quinze ans.

Cette taxe est payable par annuités de cent francs : la première annuité doit être acquittée avant le dépôt de la demande; les annuités suivantes, avant le commencement de chacune des années de la durée du brevet, qui court du jour où la demande en a été faite au secrétariat de la préfecture.

Quiconque veut prendre un brevet d'invention, doit :

I Se présenter, à Paris, au trésor public, et, dans les départements, chez le receveur général, pour acquitter la première annuité de la taxe;

II Se rendre au secrétariat de la préfecture, dans le département où il est domicilié, ou dans tout autre département, en y élisant domicile, et y déposer :

D'abord, le récépissé constatant le payement de l'annuité;

Et, en second lieu, un paquet cacheté contenant :

1° La demande au ministre de l'agriculture et du commerce (art. 6);

2° Une description claire et précise de l'invention;

3° Les dessins qui seraient nécessaires pour l'intelligence de la description;

4° Un duplicata de la description et des dessins, en prenant soin que ces duplicatas soient exactement conformes à l'original;

5° Un bordereau des pièces déposées.

Si un breveté, pendant la durée de son brevet, veut apporter à son invention des changements, perfectionnements ou additions, il doit demander un ou plusieurs certificats d'addition au brevet principal.

Pour obtenir un certificat d'addition, il faut suivre la même marche et remplir les mêmes formalités que pour prendre un brevet d'invention.

Chaque demande de certificat d'addition donne lieu au payement d'une taxe de vingt francs.

La durée d'un certificat d'addition ne peut excéder celle du brevet auquel il se rattache.

Si, au lieu d'un certificat d'addition expirant avec le brevet principal, le breveté veut obtenir un brevet distinct d'une durée de cinq, dix ou quinze années, il doit former une demande de brevet d'invention pour perfectionnement, en remplissant les formalités et en acquittant la taxe pour les brevets d'invention.

Les brevets demandés sont délivrés dans l'ordre de leur arrivée, et il n'est point accordé de sursis à leur expédition.

Les brevets sont délivrés aux risques et périls de ceux qui les demandent, et ne confèrent aucun droit pour l'exercice des industries qui seraient contraires aux lois, à la sûreté publique ou aux règlements de police.

Le gouvernement, en les délivrant, ne garantit en aucune manière ni la priorité, ni le mérite de l'invention qui en est l'objet. Un breveté qui, dans des enseignes, annonces, prospectus ou affiches, mentionnerait sa qualité de breveté ou son brevet sans y ajouter ces mots : *sans garantie du gouvernement,* serait puni d'une amende de cinquante francs à mille francs. En cas de récidive, l'amende pourrait être portée au double.

La cession totale ou partielle d'un brevet, soit à titre gratuit, soit à titre onéreux, ne peut être faite que par acte notarié et après le payement de la totalité de la taxe.

Aucune cession n'est valable, à l'égard des tiers, qu'après avoir été enregistrée au secrétariat de la préfecture du département dans lequel l'acte aura été passé.

Toute personne qui désire obtenir un brevet d'invention doit, d'ailleurs, consulter dans ses détails la loi précitée du 5 juillet 1844.

NOUVELLE LOI SUR LES MARQUES DE FABRIQUE

DU 23 JUIN 1857.

Le Corps législatif a adopté le projet de loi dont la teneur suit :

TITRE Ier.

DU DROIT DE PROPRIÉTÉ DES MARQUES.

ART. 1er. — La marque de fabrique ou de commerce est facultative.

Toutefois, des décrets rendus en la forme des règlements d'administration publique peuvent, exceptionnellement, la déclarer obligatoire pour les produits qu'ils déterminent.

Seront considérés comme marques de fabrique et de commerce les noms sous une forme distinctive, les dénominations, emblèmes, empreintes, timbres, cachets, vignettes, reliefs, lettres, chiffres, enveloppes et tous autres signes servant à distinguer les produits d'une fabrique ou les objets d'un commerce.

ART. 2. — Nul ne peut revendiquer la propriété exclusive d'une marque, s'il n'a déposé deux exemplaires du modèle de cette marque au greffe du tribunal de commerce de son domicile.

ART. 3. — Le dépôt n'a d'effet que pour quinze années.

La propriété de la marque peut toujours être conservée pour un nouveau terme de quinze années au moyen d'un nouveau dépôt.

Art. 4. — Il est perçu un droit fixe d'un franc pour la rédaction du procès-verbal de dépôt de chaque marque et pour le coût de l'expédition, non compris les frais de timbre et d'enregistrement.

TITRE II.

DISPOSITIONS RELATIVES AUX ÉTRANGERS.

Art. 5. — Les étrangers qui possèdent en France des établissements d'industrie ou de commerce jouissent, pour les produits de leurs établissements, du bénéfice de la présente loi, en remplissant les formalités qu'elle prescrit.

Art. 6. — Les étrangers et les Français dont les établissements sont situés hors de France jouissent également du bénéfice de la présente loi pour les produits de ces établissements, si, dans les pays où ils sont situés, des conventions diplomatiques ont établi la réciprocité pour les marques françaises.

Dans ce cas, le dépôt des marques étrangères a lieu au greffe du tribunal de commerce du département de la Seine.

TITRE III.

PÉNALITÉS.

Art. 7. — Sont punis d'une amende de cinquante francs à trois mille francs et d'un emprisonnement de trois mois à trois ans, ou de l'une de ces peines seulement :

1° Ceux qui ont contrefait une marque ou fait usage d'une marque contrefaite;

2° Ceux qui ont frauduleusement apposé sur leurs produits ou les objets de leur commerce une marque appartenant à autrui;

3° Ceux qui ont sciemment vendu ou mis en vente un ou plusieurs produits revêtus d'une marque contrefaite ou frauduleusement apposée.

Art. 8. — Sont punis d'une amende de cinquante francs à deux mille francs et d'un emprisonnement d'un mois à un an, ou de l'une de ces peines seulement :

1° Ceux qui, sans contrefaire une marque, en ont fait une imitation frauduleuse, de nature à tromper l'acheteur, ou ont fait usage d'une marque frauduleusement imitée;

2° Ceux qui ont fait usage d'une marque portant des indications propres à tromper l'acheteur sur la nature du produit;

3° Ceux qui ont sciemment vendu ou mis en vente un ou plusieurs produits revêtus d'une marque frauduleusement imitée ou portant des indications propres à tromper l'acheteur sur la nature du produit.

Art. 9. — Sont punis d'une amende de cinquante francs a mille francs et d'un emprisonnement de quinze jours à six mois, ou de l'une de ces peines seulement :

1° Ceux qui n'ont pas apposé sur leurs produits une marque déclarée obligatoire;

2° Ceux qui ont vendu ou mis en vente un ou plusieurs produits ne portant pas la marque déclarée obligatoire pour cette espèce de produits;

3° Ceux qui ont contrevenu aux dispositions des décrets rendus en exécution de l'art. 1er de la présente loi.

Art. 10. — Les peines établies par la présente loi ne peuvent être cumulées.

La peine la plus forte est seule prononcée pour tous les faits antérieurs au premier acte de poursuite.

Art. 11. — Les peines portées aux art. 7, 8 et 9 peuvent être élevées au double en cas de récidive.

Il y a récidive lorsqu'il a été prononcé contre le prévenu, dans les cinq années antérieures, une condamnation pour un des délits prévus par la présente loi.

Art. 12. — L'art. 463 du code pénal peut être appliqué aux délits prévus par la présente loi.

Art. 13. — Les délinquants peuvent, en outre, être privés du droit de participer aux élections des tribunaux et des chambres de commerce, des chambres consultatives des arts et manufactures et des conseils de prud'hommes, pendant un temps qui n'excédera pas dix ans.

Le tribunal peut ordonner l'affiche du jugement dans les lieux qu'il détermine, et son insertion intégrale ou par extrait dans les journaux qu'il désigne, le tout aux frais du condamné.

Art. 14. — La confiscation des produits dont la marque serait reconnue contraire aux dispositions des art. 7 et 8 peut, même en cas d'acquittement, être prononcée par le tribunal ainsi que celle des instruments et ustensiles ayant spécialement servi à commettre le délit.

Le tribunal peut ordonner que les produits confisqués soient remis au propriétaire de la marque contrefaite ou frauduleusement apposée ou imitée, indépendamment de plus amples dommages-intérêts, s'il y a lieu.

Il prescrit, dans tous les cas, la destruction des marques reconnues contraires aux dispositions des art. 7 et 8.

Art. 15. — Dans le cas prévu par les deux premiers paragraphes de l'art. 9, le tribunal prescrit toujours que les marques déclarées obligatoires soient apposées sur les produits qui y sont assujettis.

Le tribunal peut prononcer la confiscation des produits, si le prévenu a encouru, dans les cinq années antérieures, une condamnation pour un des délits prévus par les deux premiers paragraphes de l'art. 9.

TITRE IV.

JURIDICTIONS.

Art. 16. — Les actions civiles relatives aux marques sont portées devant les tribunaux civils et jugées comme matières sommaires.

En cas d'action intentée par la voie correctionnelle, si le prévenu soulève pour sa défense des questions relatives à la propriété de la marque, le tribunal de police correctionnelle statue sur l'exception.

Art. 17. — Le propriétaire d'une marque peut faire procéder par tous huissiers à la description détaillée, avec ou sans saisie, des produits qu'il prétend marqués à son préjudice en contravention aux dispositions de la présente loi, en vertu d'une ordonnance du président du tribunal civil de première instance, ou du juge de paix du canton, à défaut de tribunal dans le lieu où se trouvent les produits à décrire ou à saisir.

L'ordonnance est rendue sur simple requête et sur la présentation du procès-verbal constatant le dépôt de la marque. Elle contient, s'il y a lieu, la nomination d'un expert, pour aider l'huissier dans sa description.

Lorsque la saisie est requise, le juge peut exiger du requérant un cautionnement, qu'il est tenu de consigner avant de faire procéder à la saisie.

Il est laissé copie, aux détenteurs des objets décrits ou saisis, de l'ordonnance et de l'acte constatant le dépôt du cautionnement, le cas échéant : le tout à peine de nullité et de dommages-intérêts contre l'huissier.

Art. 18. — A défaut par le requérant de s'être pourvu, soit par la voie civile, soit par la voie correctionnelle, dans le délai de quinzaine, outre un jour par cinq myriamètres de distance entre le lieu où se trouvent les objets décrits ou saisis et le domicile de la partie contre laquelle l'action doit être dirigée, la description ou saisie est nulle de plein droit, sans préjudice des dommages-intérêts qui peuvent être réclamés, s'il y a lieu.

TITRE V.

DISPOSITIONS GÉNÉRALES OU TRANSITOIRES.

Art. 19. — Tous produits étrangers portant soit la marque, soit le nom d'un fabricant résidant en France, soit l'indication du nom ou du lieu d'une fabrique française, sont prohibés à l'entrée et exclus du tránsit et de l'entrepôt, et peuvent être saisis, en quelque lieu que ce soit, soit à la diligence de l'administration des douanes, soit à la requête du ministère public ou de la partie lésée.

Dans le cas où la saisie est faite à la diligence de l'administration des douanes, le procès-verbal de saisie est immédiatement adressé au ministère public.

Le délai dans lequel l'action prévue par l'art. 18, devra être intentée, sous peine de nullité de la saisie, soit par la partie lésée, soit par le ministère public, est porté à deux mois.

Les dispositions de l'art. 14 sont applicables aux produits saisis en vertu du présent article.

Art. 20. — Toutes les dispositions de la présente loi sont applicables aux vins, eaux-de-vie et autres boissons, aux bestiaux, grains, farines, et généralement à tous les produits de l'agriculture.

Art. 21. — Tout dépôt de marques opéré au greffe du tribunal de commerce antérieurement à la présente loi aura effet pour quinze années, à dater de l'époque où ladite loi sera exécutoire.

Art. 22. — La présente loi ne sera exécutoire que six mois après sa promulgation. Un règlement d'administration publique déterminera les formalités à remplir pour le dépôt et la publicité des marques, et toutes les autres mesures nécessaires pour l'exécution de la loi.

Art. 23. — Il n'est pas dérogé aux dispositions antérieures qui n'ont rien de contraire à la présente loi.

Mandons et ordonnons que les présentes, revêtues du sceau de l'État, et insérées au *Bulletin des Lois*, soient adressées aux cours, aux tribunaux et aux autorités administratives, pour qu'ils les inscrivent sur leur registre, les observent et les fassent observer.

Notre ministre secrétaire d'Etat au département de la justice est chargé d'en surveiller la publication.

Signé Napoléon.

RÈGLEMENT

RELATIF AUX MARQUES DE FABRIQUE ET DE COMMERCE DU 26 JUILLET 1858.

Art. 1er. — Le dépôt que les fabricants, commerçants ou agriculteurs peuvent faire de leur marque au greffe du tribunal de commerce de leur domicile, ou, à défaut de tribunal de commerce, au greffe du tribunal civil, pour jouir des droits résultant de la loi du 23 juin 1857, est soumis aux dispositions suivantes :

Art. 2. — Ce dépôt doit être fait par la partie intéressée ou par son fondé de pouvoir spécial.

La procuration peut être sous seing privé, mais enregistrée ; elle doit être laissée au greffier.

Le modèle à fournir consiste en deux exemplaires sur papier libre d'un dessin, d'une gravure ou d'une empreinte représentant la marque adoptée.

Le papier forme un carré de 18 centimètres de côté, dont le modèle occupe le milieu.

Art. 3. — Si la marque est en creux ou en relief sur les produits, si elle a dû être réduite pour ne pas excéder les dimensions du papier, ou si elle présente quelque autre particularité, le déposant l'indique sur les deux exemplaires, soit par une ou plusieurs figures de détail, soit au moyen d'une légende explicative.

Ces indications doivent occuper la gauche du papier où est figurée la marque; la droite est réservée aux mentions prescrites à l'art. 5, conformément au modèle annexé au présent décret.

Art. 4. — Un des deux exemplaires de la marque est collé par le greffier sur une des feuilles d'un registre tenu à cet effet et dans l'ordre des présentations. L'autre est transmis dans les cinq jours au plus tard, au ministre de l'agriculture, du commerce et des travaux publics, pour être déposé au Conservatoire impérial des arts et métiers.

Le registre est en papier libre, du format de 24 centimètres de largeur sur 40 de hauteur, coté et parafé par le président du tribunal de commerce ou du tribunal civil, suivant les cas.

Art. 5. — Le greffier dresse le procès-verbal du dépôt dans l'ordre des présentations, sur un registre en papier timbré, coté et parafé, comme il est dit à l'article précédent. Il indique dans ce procès-verbal : 1° le jour et l'heure du dépôt; 2° le nom du propriétaire de la marque et celui de son fondé de pouvoir; 3° la profession du propriétaire, son domicile, et le genre d'industrie pour lequel il a l'intention de se servir de la marque.

Chaque procès-verbal porte un numéro d'ordre; ce numéro est également inscrit sur les deux modèles, ainsi que le nom, le domicile et la profession du propriétaire de la marque, le lieu et la date du dépôt, et le genre d'industrie auquel la marque est destinée.

Lorsque, au bout de quinze ans, le propriétaire d'une marque en fait un nouveau dépôt, cette circonstance doit être mentionnée sur les modèles et dans le procès-verbal de dépôt.

Le procès-verbal et les modèles sont signés par le greffier, et par le déposant ou par un fondé de pouvoir.

Une expédition du procès-verbal de dépôt est délivrée au déposant.

Art. 6. — Il est dû au greffier, outre le droit fixe d'un franc pour le procès-verbal de dépôt de chaque marque, y compris le coût de l'expédition, le remboursement des droits de timbre et d'enregistrement. Le remboursement du timbre du procès-verbal est fixé à trente-cinq centimes.

Toute expédition délivrée après la première, donne également lieu à la perception d'un franc au profit du greffier.

Art. 7. — Le greffier du tribunal de commerce du département de la Seine, chargé, dans le cas prévu par l'art. 6 de la loi du 23 juin 1857, de recevoir le dépôt des marques des étrangers et des Français dont les établissements sont situés hors de France, doit en former un registre spécial, et mentionner, dans le procès-verbal de dépôt, le pays où est situé l'établissement industriel, commercial ou agricole du propriétaire de la marque, ainsi que la convention diplomatique par laquelle la réciprocité a été établie.

Art. 8. — Au commencement de chaque année, les greffiers dressent sur papier libre, et d'après le modèle donné par le ministre de l'agriculture, du commerce et des travaux publics, une table ou répertoire des marques dont ils ont reçu le dépôt pendant le cours de l'année précédente.

Art. 9. — Les registres, procès-verbaux et répertoires déposés dans les greffes, ainsi que les modèles réunis au dépôt central du Conservatoire impérial des arts et métiers, sont communiqués sans frais.

Art. 10. — Notre ministre de l'agriculture, du commerce et des travaux publics, et notre garde des sceaux, ministre de la justice, sont chargés, chacun en ce qui le concerne, de l'exécution du présent décret.

Fait à Plombières, le 26 juillet 1858.

Napoléon.

MODÈLE

Annexe au décret portant règlement d'administration publique pour l'exécution de la loi sur les marques de fabrique et de commerce.

PLACE RÉSERVÉE		PLACE RÉSERVÉE
aux mentions du	PLACE DU DESSIN.	aux mentions du
DÉPOSANT.		GREFFIER.

Le papier doit former un carré de $0^{m}18$ de côté.

LOIS ET ORDONNANCES

CONCERNANT LES DESSINS DE FABRIQUE, LES MODÈLES ET LA SCULPTURE INDUSTRIELLE [1].

Dessins de fabrique.

On comprend sous la dénomination générale de dessins de fabrique, les dessins en tous genres susceptibles d'être imprimés, appliqués ou reproduits par tous procédés mécaniques, sur étoffes, tissus, papiers peints, porcelaine, verre, bois, tôle, etc.

Législation ancienne. — Sous l'ancienne législation, la propriété des dessins pour étoffes, en ce qui concernait exclusivement les fabriques de soieries de Lyon, remontait aux statuts et règlements de 1737 et 1744.

Un arrêté ultérieur du Conseil royal, à la date du 14 juillet 1787, rendu d'après les requêtes et mémoires des corps et communautés des fabricants de Tours et de Lyon, sur les atteintes portées à leur propriété et à l'intérêt général des manufactures par la copie et contrefaçon des dessins, confirma les statuts dont jouissait la fabrique de Lyon, et en étendit la protection à toutes les fabriques du royaume.

1. *Génie industriel*, par MM. Armengaud frères.

Le préambule de cet arrêté s'exprimait ainsi :

« Considérant que la supériorité qu'ont acquise les manufactures de soieries du royaume est principalement due à l'invention, à la correction et au bon goût des dessins, que l'émulation qui anime les fabricants et dessinateurs s'anéantirait s'ils n'étaient assurés de recueillir les fruits de leurs travaux.

« Sa Majesté, sur l'avis de son conseil, a pris la résolution d'étendre aux autres fabriques du royaume les règlements faits en 1737 et 1744 pour celle de Lyon, sur la copie et contrefaçon des dessins, et de donner ainsi aux véritables inventeurs la faculté de constater à l'avenir d'une manière sûre et invariable leur propriété par une jouissance exclusive et proportionnée dans sa durée aux frais et mérites de l'inventeur. »

Cet arrêté réglementait la propriété des dessins de fabrique aux conditions suivantes :

1° Les fabricants qui avaient composé ou fait composer de nouveaux dessins avaient seuls, exclusivement à tous autres. le droit de les faire exécuter en étoffes de soie, soie et dorures, ou mélangées de soie; la durée de ce privilége était de quinze années, pour les étoffes d'ameublements et d'ornements d'église, et de six années pour celles brochées ou façonnées servant à tous autres usages.

2° Les fabricants qui avaient inventé ou fait faire un dessin, étaient tenus, pour s'en réserver l'exécution, de présenter un échantillon au bureau de leur communauté, dont il était dressé procès-verbal de description sur un registre tenu à cet effet; le procès-verbal contenait les noms, raison, et demeure du maître, marchand ou fabricant qui faisait constater la propriété et la date précise de la présentation du dessin. Le cachet de la communauté et celui du propriétaire étaient apposés au moment même de la rédaction du procès-verbal sur l'esquisse du dessin ou sur l'échantillon, lequel restait entre les mains du propriétaire avec un extrait du procès-verbal.

3° Faute d'avoir rempli les formalités précédentes avant la mise en vente des étoffes fabriquées suivant les dessins, les inventeurs étaient déchus de toutes réclamations contre les contrevenants.

4° Les contrefacteurs de dessins régulièrement déposés étaient, à la requête des fabricants ou propriétaires de dessins, appelés devant les juges de la police des Arts et Métiers, et passibles d'une amende et de la confiscation des objets contrefaits.

Telle était la jurisprudence qui, sous l'ancien régime, réglementait la propriété des dessins de fabrique; il était intéressant d'en dire quelques mots, parce que c'est elle qui a donné naissance aux divers règlements et ordonnances qui régissent actuellement cette propriété.

Législation moderne. — La législation moderne, en matière de propriété industrielle des dessins de fabrique, est basée :

1° Sur la loi générale du 19 juillet 1793;

2° Sur l'ordonnance du 18 mars 1806;

3° Sur les art. 425, 426, 427 et 429 du Code pénal;

4° Et sur l'ordonnance du 29 août 1825.

Les textes de ces lois et ordonnances avec quelques développements sur leur interprétation par la jurisprudence, trouveront une place utile dans ce recueil.

Loi du 19 juillet 1793 (an II)

Relative aux droits de propriété des auteurs d'écrits en tout genre, des compositeurs de musique, des peintres et des dessinateurs.

La Convention nationale décrète :

Art. 1er. — Les auteurs d'écrits en tout genre, les compositeurs de musique, les peintres et dessinateurs qui feront graver des tableaux ou dessins, jouiront durant leur vie entière du droit exclusif de vendre, faire vendre, distribuer leurs ouvrages dans le territoire de la République, et d'en céder la propriété en tout ou en partie.

Art. 2. — Leurs héritiers ou cessionnaires jouiront du même droit durant l'espace de dix ans après la mort des auteurs.

Art. 3. — Les officiers de paix seront tenus de faire confisquer, à la réquisition et au profit des auteurs, compositeurs, peintres ou dessinateurs et autres, leurs héritiers ou cessionnaires, tous les exemplaires des éditions imprimées ou gravées sans la permission formelle et par écrit des auteurs.

Art. 4. — Tout contrefacteur sera tenu de payer au véritable propriétaire une somme équivalente au prix de trois mille exemplaires de l'édition originale.

Art. 5. — Tout débitant d'édition contrefaite, s'il n'est pas reconnu contrefacteur, sera tenu de payer au véritable propriétaire une somme équivalente au prix de cinq cents exemplaires de l'édition originale.

Art. 6. — Tout citoyen qui mettra au jour un ouvrage, soit de littérature ou de gravure, dans quelque genre que ce soit, sera obligé d'en déposer deux exemplaires à la Bibliothèque nationale et au Cabinet des Estampes de la République, dont il recevra un reçu signé par le bibliothécaire, faute de quoi il ne pourra être admis en justice pour la poursuite des contrefacteurs.

Art. 7. — Les héritiers de l'auteur d'un ouvrage de littérature ou de gravure, ou de toute autre production de l'esprit ou du génie qui appartient aux beaux-arts, en auront la propriété exclusive pendant dix ans.

Cette loi, qui présente dans son ensemble des dispositions trop générales, bien que s'appliquant à toutes les productions des arts et comprenant formellement les dessinateurs, sans distinction de genre, avait besoin d'être interprétée par une loi plus spéciale aux dessins destinés à la fabrique.

Tel est l'objet de la loi du 18 mars 1806 dont suit la teneur :

Loi du 18 mars 1806

Portant établissement d'un conseil de prud'hommes à Lyon.

SECTION II.

DES CONTRAVENTIONS AUX LOIS ET RÈGLEMENTS.

Art. 10. — Le conseil des prud'hommes sera spécialement chargé de constater d'après les plaintes qui pourraient lui être adressées, les contraventions aux lois et règlements nouveaux ou remis en vigueur.

Art. 11. — Les procès-verbaux dressés par les prud'hommes pour constater ces contraventions seront renvoyés aux tribunaux compétents, ainsi que les objets saisis.

Art. 13. — Les prud'hommes, dans les cas ci-dessus, et sur la réquisition verbale ou écrite des parties, pourront, au nombre de deux au moins, assistés d'un officier public, dont un fabricant et un chef d'atelier, faire des visites chez les fabricants, chefs d'atelier, ouvriers et compagnons.

SECTION III.

DE LA CONSERVATION DE LA PROPRIÉTÉ DES DESSINS.

Art. 14. — Le conseil des prud'hommes est chargé des mesures conservatrices de la propriété des dessins.

Art. 15. — Tout fabricant qui voudra pouvoir revendiquer par la suite devant le tribunal de commerce, la propriété d'un dessin de son invention, sera tenu d'en déposer aux archives du conseil des prud'hommes un échantillon plié sous enveloppe, revêtu de ses cachet et signature, sur lequel sera également apposé le cachet du conseil des prud'hommes.

Art. 16. — Les dépôts de dessins seront inscrits sur un registre tenu *ad hoc* par le conseil des prud'hommes, lequel délivrera aux fabricants un certificat rappelant le numéro d'ordre du paquet déposé, et constatant la date du dépôt.

Art. 17. — En cas de contestation entre deux ou plusieurs fabricants sur la propriété d'un dessin, le conseil des prud'hommes procédera à l'ouverture des paquets qui lui auront été déposés par les parties; il fournira un certificat indiquant le nom du fabricant qui aura la priorité de date.

Art. 18. — En déposant son échantillon, le fabricant déclarera qu'il entend se réserver la propriété exclusive pendant une, trois ou cinq années, ou à perpétuité; il sera tenu note de cette déclaration. A l'expiration du délai fixé par ladite déclaration, si la réserve est temporaire, tout paquet d'échantillon déposé sous cachet dans les archives du conseil, devra être transmis au Conservatoire des arts de la ville de Lyon, et les échantillons y contenus être joints à la collection du Conservatoire.

Art. 19. — En déposant son échantillon, le fabricant acquittera entre les mains du receveur de la commune une indemnité qui sera réglée par le conseil des prud'hommes, et ne pourra excéder un franc pour chacune des années pendant lesquelles il voudra conserver la propriété exclusive de son dessin, et sera de dix francs pour la propriété perpétuelle.

L'application de cette loi, qui paraît restreinte au ressort du conseil des prud'hommes de la ville de Lyon, est admise par la jurisprudence comme étendant son action à tous les conseils de prud'hommes de l'État.

Cette loi charge spécialement le conseil des prud'hommes du soin de conserver les paquets des dessins, et de constater les contraventions.

Elle indique les formalités du dépôt des dessins dont on veut revendiquer la propriété, et détermine la durée temporaire ou perpétuelle que le fabricant veut y assigner.

Enfin, contrairement à ce qui a lieu pour les marques de fabrique, les art. 15 et 18 de cette ordonnance exigent le dépôt antérieur à la vente, sans quoi le fabricant perd son droit.

A l'appui de cette loi, le Code pénal promulgué en 1810 comprit dans ses dispositions générales la contrefaçon des dessins de fabrique, notamment dans les art. 425, 426, 427 et 429, ainsi conçus.

Code pénal du 19 février 1810.

Art. 425. — Toute édition d'écrit, de composition musicale, de dessin, de peinture ou de toute autre production, imprimée ou gravée en entier ou en partie, au mépris des lois et règlements relatifs à la propriété des auteurs, est une contrefaçon, et toute contrefaçon est un délit.

Art. 426. — Le débit d'ouvrages contrefaits, l'introduction sur le territoire français d'ouvrages qui, après avoir été imprimés en France, ont été contrefaits chez l'étranger, sont un délit de la même espèce.

Art. 427. — La peine contre le contrefacteur ou contre l'introducteur sera une amende de cent francs au moins et de deux mille francs au plus, et contre le débitant, une amende de vingt-cinq francs au moins et de cinq cents francs au plus. La confiscation de l'édition contrefaite sera prononcée tant contre le contrefacteur que contre l'introducteur ou le débitant. Les planches, moules ou machines des objets contrefaits seront aussi confisqués.

Art. 429. — Dans les cas prévus par les articles précédents, le produit des confiscations ou les recettes confisquées seront remis au propriétaire, pour l'indemniser d'autant du préjudice qu'il aura souffert; le surplus de son indemnité, ou l'entière indemnité, s'il n'y a eu vente d'objets confisqués ni saisie de recettes, sera réglé par les voies ordinaires.

Enfin, à la suite de réclamations élevées par plusieurs manufacturiers dont les fabriques étaient situées hors du ressort d'un conseil de prud'hommes, pour qu'il leur fût indiqué un lieu de dépôt légal des dessins de leur invention, intervint l'ordonnance royale du 29 août 1825, qui statue que, dans ce cas, le dépôt pourra s'effectuer, soit au greffe du tribunal de commerce, soit au greffe du tribunal de première instance, dans les localités où le tribunal civil exerce cette juridiction.

Voici la teneur de ce décret :

Ordonnance du 29 août 1825

Portant règlement sur le dépôt des dessins de fabrique.

Art. 1er. — Le dépôt des échantillons de dessins qui doit être fait, conformément à l'art. 15 de la loi du 18 mars 1806, aux archives des conseils de prud'hommes, pour les fabriques situées dans le ressort de ces conseils, sera reçu, pour toutes les fabriques situées hors du ressort d'un conseil de prud'hommes, au greffe du tribunal de commerce, ou au greffe du tribunal de première instance, dans les arrondissements où les tribunaux civils exerceront la juridiction de tribunaux de commerce.

Art. 2. — Ce dépôt se fera dans les formes prescrites pour le même dépôt aux archives des conseils de prud'hommes, par les art. 15, 16 et 18, sect. 3, tit. 2, de la loi du 18 mars 1806. Il sera reçu gratuitement, sauf le droit du greffier pour la délivrance du certificat constatant ledit dépôt.

RÉSUMÉ DE LA JURISPRUDENCE SUR LA PROPRIÉTÉ DES DESSINS DE FABRIQUE.

1° La propriété d'un dessin dont le dépôt a été légalement effectué antérieurement à toute vente est absolue, et il ne peut être reproduit d'une manière quelconque, en aucun genre, par aucune industrie.

2° La durée de la propriété d'un dessin est fixée par la déclaration même du fabricant lors du dépôt; elle est, à sa volonté, ou perpétuelle ou limitée à une, trois ou cinq années.

3° L'auteur d'un dessin déposé conformément à la loi, jouit d'un double droit : le prix de la vente du modèle original, et le droit de le reproduire mécaniquement.

4° La contrefaçon peut être totale ou partielle; elle ne résulte pas seulement d'une copie servile, d'égale ou de différente dimension; il suffit qu'elle reproduise la physionomie du dessin original, peu importe, d'ailleurs, les modifications de formes, les accessoires d'un détail et les proportions relatives.

5° La revendication simple du préjudice causé au droit de propriété d'un dessin doit, d'après la loi spéciale du 18 mars 1806, être portée devant le tribunal de commerce; mais si, en vertu de l'art. 425 du Code pénal, le poursuivant désire une pénalité plus sévère, il peut saisir le tribunal civil.

Modèles.

On reçoit également, par une tolérance illégale, au greffe du conseil des prud'hommes, le dépôt des modèles d'objets divers et d'articles d'utilité, mais il doit être bien compris par les déposants que la propriété des modèles est exclusivement restreinte à leur forme ornementale ou artistique, et ne s'étend nullement à la combinaison, au procédé ni au mécanisme de l'objet; cette propriété fait dans ce dernier cas l'objet spécial de la loi sur les brevets d'invention.

Sculpture industrielle.

On comprend sous cette dénomination toutes les industries qui composent des dessins, les reproduisent et les appliquent sur des matières solides, comme la fonderie, le moulage, le tour, les bronzes, la ciselure, la sculpture, l'orfévrerie, la bijouterie, la tabletterie, la cristallerie, la verrerie, la porcelaine, etc.

La propriété de la sculpture industrielle, ainsi généralisée, est réglementée par la loi du 19 juillet 1793 et par l'art. 427 du Code pénal, plus haut reproduits.

En conséquence, la durée est limitée à la vie de l'auteur, et à dix ans après sa mort, en faveur de ses héritiers.

La sculpture industrielle, envisagée comme produit en relief, est affranchie du dépôt qui est exigible, comme nous l'avons vu, pour les modèles et les dessins de fabrique.

En cas de contrefaçon, sur la requête du plaignant, tout officier de police est tenu d'effectuer la saisie ou de constater le délit aux risques et périls du poursuivant. Ce dernier, dans sa poursuite contre le contrefacteur, peut opter entre la juridiction civile et la juridiction correctionnelle.

DEUXIÈME PARTIE.

NOTIONS PRATIQUES.

DEUXIÈME PARTIE.

NOTIONS PRATIQUES

Pouvant guider l'Inventeur qui veut obtenir ou qui possède un Brevet d'invention en France.

Cette seconde partie constitue bien moins un traité, qu'un *Guide-manuel* destiné à familiariser l'inventeur avec l'esprit général des lois qui régissent les brevets d'invention, à le renseigner sur l'accomplissement des formalités qui constituent un privilége sérieux et en assurent la conservation, et à le guider dans les actions ou les transactions dont le brevet peut devenir l'objet.

Les questions relatives à la jurisprudence ne sont donc pas traitées à titre de doctrine; nous nous sommes contenté d'en indiquer les principes fondamentaux, en les faisant suivre des arrêts les plus généralement cités comme exemples, et nous engageons ceux de nos lecteurs qui voudraient faire une étude plus complète sur ce sujet, à consulter les traités spéciaux qui traitent, avec développement, de la législation en matière de propriété industrielle[1].

Nous avons seulement en vue d'appeler l'attention des inventeurs, et de les éclairer, sur les questions qui peuvent les préoccuper depuis la naissance de l'invention, jusque et y compris les actions en contrefaçon; nous avons donc suivi l'ordre même des opérations à accomplir et celui dans lequel ces questions se présentent ordinairement.

Nous commençons par l'examen des principales conditions qui font qu'une invention est ou n'est pas susceptible d'être brevetée, en nous limitant, ainsi que nous l'avons dit, aux principes généraux qui servent de base et de point de départ aux nombreux cas particuliers qui se présentent dans la pratique, et pour lesquels il est difficile de poser des règles fixes de jurisprudence, l'appréciation qui peut en être faite étant ordinairement subordonnée aux circonstances mêmes qui ont présidé à l'invention.

L'Invention est-elle susceptible d'être brevetée?

Celui qui veut solliciter un brevet d'invention doit, tout d'abord, se poser la question suivante : l'invention est-elle susceptible d'être brevetée? c'est-à-dire a-t-elle pour objet un nouveau produit industriel, un moyen nouveau ou l'application nouvelle de moyens connus pour l'obtention d'un résultat ou d'un produit industriel?

Les différentes formes ou combinaisons que nous allons indi-

1. *Traité de la contrefaçon*, par Et. Blanc. — *Des Brevets d'invention et de la contrefaçon*, par L. Nouguier. — *Le Droit industriel*, par Rendu et Delorme. *Le Génie industriel*, par Armengaud, frères. — *Répertoire de Législation*, par Adrien Huard, etc.

quer comprennent la généralité des aspects sous lesquels peuvent se présenter les inventions brevetables; en procédant par voie de comparaison, il sera facile de faire rentrer chaque cas particulier dans celui des groupes ci-dessous auquel il correspond.

Sont susceptibles d'être brevetés :

Nouveau produit industriel. — Un corps matériel susceptible, soit seul, soit combiné, d'entrer dans la consommation industrielle, c'est-à-dire d'être employé dans l'industrie à un titre quelconque, est un *produit industriel.*

S'il était inconnu avant son apparition, il constitue un *nouveau produit industriel,* qui est brevetable par lui-même, en tant que produit, indépendamment du moyen employé pour le produire.

Le brevet peut d'ailleurs comprendre le produit nouveau, et le procédé au moyen auquel il est obtenu.

Exemples : I. — Une couleur nouvelle obtenue au moyen de certaines réactions chimiques, constitue un produit industriel nouveau, et nul n'aura le droit de fabriquer cette couleur, même par l'emploi de réactions différentes.

La couleur obtenue est le *produit industriel.*

Le fait d'avoir produit cette couleur constitue le *résultat industriel.*

II. — Les tapis-brosses, fabriqués en coco, aloès ou autre matière filamenteuse, au moyen d'un procédé quelconque, ce procédé fût-il analogue à celui employé pour la fabrication d'une étoffe connue, du velours, par exemple, constituent un *produit industriel nouveau;* dans ce cas, le produit nouveau est obtenu au moyen de l'application nouvelle d'un procédé connu.

T. Corr. Paris, 14 décembre 1858. — Chosson c. Messager-Abit.

Résultat industriel. — Le résultat industriel ne doit pas

être confondu avec le produit industriel ; le premier est déterminé par l'effet produit et n'est pas brevetable par lui-même, mais les moyens qui servent à l'obtenir peuvent être brevetés s'ils sont nouveaux.

Exemples : I. — L'empêchement apporté à l'incrustation des chaudières à vapeur par l'introduction de certaines substances dans l'appareil, est un *résultat industriel;* cet empêchement constitue un fait immatériel qui n'est pas brevetable, mais on peut faire breveter le *moyen* employé pour obtenir ce résultat, c'est-à-dire l'usage d'une matière désincrustante déterminée.

II. — Il en est de même pour la substitution de l'air chaud à l'air froid dans les foyers industriels ; l'accélération de la combustion et les avantages qui en résultent constituent le *résultat industriel.*

Il n'y a de brevetable que les appareils ou les *moyens* employés pour obtenir ce résultat.

MOYEN NOUVEAU. — Une nouvelle manière d'obtenir un produit ou un résultat industriel, indépendamment de la nouveauté de ce produit ou de ce résultat, constitue l'emploi d'un *moyen nouveau,* et la combinaison qui a permis d'atteindre ce but est brevetable.

Exemples : I. — L'obtention d'une couleur par de nouvelles combinaisons chimiques constitue un *moyen nouveau.*

Si la couleur est nouvelle, nous avons vu qu'elle est personnellement brevetable comme produit nouveau.

Si la couleur a été antérieurement brevetée par un tiers comme produit, le moyen nouveau de la fabriquer n'en est pas moins brevetable, mais l'inventeur de ce nouveau mode de fabrication ne peut faire usage de son brevet qu'après un accord avec l'inventeur du produit.

Si la couleur est dans le domaine public, l'inventeur du nouveau moyen de la produire peut le faire breveter et l'exploiter à son profit.

II. — Les teintes graduées du clair au foncé étaient obtenues, dans la teinture, par l'emploi de bains successifs dans lesquels on trempait les étoffes ou les fils. Celui qui a remplacé ce procédé par un système agissant au moyen d'une pression graduée, forçant, par l'effet de la capillarité, la couleur à n'agir que successivement et par quantités de moins en moins considérables, a imaginé un *moyen nouveau* d'obtenir un résultat connu.

C. R. Douai, 30 mars 1846. — Descat c. Jourdan.

III. — Celui qui, le premier, a eu l'idée d'extraire la soude des varechs au moyen de l'incinération, a imaginé un *moyen nouveau* d'obtenir un produit industriel connu.

Application nouvelle de moyens connus. — L'application nouvelle de moyens connus peut consister dans l'application d'un procédé, d'une machine, d'un moyen connu, à l'obtention d'un autre produit ou résultat que celui auquel il a été jusqu'alors appliqué.

L'application doit, en général, être faite à une industrie différente.

Les inventions qui se rapportent à ce paragraphe sont certainement celles qui, par cela même que le résultat brevetable peut se produire d'un plus grand nombre de manières, prêtent le plus à l'interprétation.

L'application nouvelle de moyens connus forme, en effet, le fond de la plupart des inventions brevetées.

La confusion provient du nombre considérable de combinaisons qui peuvent procurer une nouvelle application de moyens et de la difficulté de les interpréter exactement suivant l'esprit de la loi. Il n'est pas toujours facile, en effet, de préciser le moment exact où le résultat obtenu possède l'originalité nécessaire pour que l'application qui lui a donné naissance soit brevetable, et d'apprécier si l'application procède d'un certain travail d'appropriation que ne comportent pas celles qui ne font que modifier la forme extérieure des objets ou leur destination, sans qu'il en résulte un effet nouveau.

Exemples : I. — L'emploi d'une pompe foulante et de ses accessoires, pour insuffler de l'air dans les conduites et les appareils d'une installation d'éclairage par le gaz, dans le but de rechercher les fuites et d'en révéler la position par le sifflement qu'occasionne l'échappement de l'air comprimé, constitue une *application nouvelle d'appareils connus*, qui est brevetable.

C. Imp. PARIS, 20 décembre 1856. — Maccaud c. Nicolle.

II. — Le mode qui consiste à faire des boîtes par un seul morceau de carton n'étant pas une découverte nouvelle, celui qui fait, le premier, l'application de ce procédé aux boîtes destinées aux allumettes chimiques et emploie, à cet effet, plusieurs coulisses à la fois, ce qui produit une grande économie dans la fabrication, peut être valablement breveté pour cette *nouvelle application d'un procédé connu.*

C. R. AIX, 21 août 1846. — Roche c. Gomel.

III. Les procédés de dessiccation et de compression étant connus, l'application qui en est faite à la conservation des légumes à l'état frais peut être valablement brevetée comme constituant *l'application nouvelle de procédés connus* pour l'obtention d'un nouveau produit.

CASSATION, 6 novembre 1854. — Loiseau et Chappuy c. Chollet et Cie.

IV. — Il y a également *application brevetable* dans l'emploi de la force centrifuge au clerçage des sucres, au moyen d'appareils employés précédemment au séchage du linge et spécialement modifiés pour leur nouvel usage.

CASSATION, 17 janvier 1852. — Crespel de Lisle c. Rohlfs-Seyrig.

V. — La substitution d'un point de couture aux cercles de cuivre employés dans la fabrication des tuyaux à incendie, constitue *l'application nouvelle d'un moyen connu*.

C. R. PARIS, 8 juillet 1846. — Guérin c. Flaud et Bonnafin.

VI. — Un procédé de tissage pour les rubans-velours est nouveau dans le sens légal, alors même qu'il ne serait composé que de moyens déjà connus dans la fabrication des tissus-velours, si ces moyens, jusqu'alors isolément employés, ont été, pour la première fois, combinés par le breveté de manière à former un *ensemble nouveau*.

C. Imp. LYON, 26 août 1863. — Dugnat et Gauthier c. Claude Rey et Cie.

La plupart des combinaisons brevetables qui suivent rentrent, par le fond, dans la catégorie des applications nouvelles de moyens connus; nous les avons cependant classées séparément sous des désignations spéciales, afin de faciliter les recherches relatives à la brevetabilité des inventions.

IL Y A APPLICATION NOUVELLE DE MOYENS CONNUS INDÉPENDAMMENT DE L'IMPORTANCE DU RÉSULTAT OBTENU. — L'importance du résultat, le degré d'intelligence ou de travail qu'a pu exiger l'invention, sont sans influence sur la brevetabilité de cette dernière.

Exemples : I. — Attendu que la validité des brevets délivrés aux inventeurs, à leurs risques et périls, ne peut légalement dépendre ni de l'importance, ni de l'utilité de l'invention....; — attendu que les nullités et déchéances sont de droit étroit, et qu'aucun article de loi n'érige en cause de nullité d'un brevet son peu d'importance ou d'utilité....., etc.

CASSATION, 30 décembre 1845. Coubaux c. Gosdemberg.

II. — Décisions semblables.

CASSATION, 2 mai 1851. — Thomas et Laurens c. Robert Dubu.
ID. 17 janvier 1852. — Crespel de Lisle c. Rohlfs-Seyrig.
ID. 24 avril 1856. — Aubeux c. Berger.

APPAREIL NOUVEAU FORMÉ DE LA COMBINAISON D'APPAREILS CONNUS. — Lorsque, dans une industrie, au moyen d'un seul appareil formé de la réunion ou de la combinaison de deux appareils employés dans cette industrie, on obtient les mêmes résultats que donnaient précédemment ces derniers, l'économie qui résulte de cette disposition constitue le *résultat industriel* obtenu, et le nouvel appareil est brevetable.

Exemple. — L'extraction de l'alcali contenu dans les eaux ammoniacales exigeait deux opérations : 1° extraction du sulfate d'ammoniaque; 2° décomposition de ce sel par la chaux pour éliminer l'ammoniaque. Celui qui a combiné en un seul, l'appareil de Laugier et celui de Wolf, précédemment employés pour effectuer ces deux opérations, et qui a pu de cette manière obtenir l'ammoniaque, ou alcali, du premier coup et à moins de frais, a fait une *application nouvelle de moyens connus.*

C. Imp. LYON, 22 février 1855. — Mallet c. Gastoud.

COMBINAISON SPÉCIALE D'AGENTS CONNUS PRODUISANT UNE AMÉLIORATION DANS LE RÉSULTAT. — Il n'est pas nécessaire, pour qu'une nouvelle application soit brevetable, que les moyens jusqu'alors employés soient profondément et radicalement modifiés; il suffit que la combinaison nouvelle présente un changement ou une amélioration notable dans le résultat obtenu.

Exemple : — Ainsi, dans la fabrication du sucre, celui qui, tout en employant les agents ordinaires, tels que la chaux, l'acide carbonique et le calorique, en combine cependant les proportions relatives, de manière à obtenir un sucre plus blanc en moins de temps et à moins de frais, fait une *application nouvelle de moyens connus* qui peut être garantie par un brevet.

CASSATION, 19 février 1853. — Bonzel, Denisse c. Rousseau.

AGENCEMENT NOUVEAU D'ORGANES MÉCANIQUES. — Un agencement spécial d'organes mécaniques connus produisant, par suite de leur nouvelle combinaison, un effet avantageux sur le rendement en effet utile ou la consommation en force ou en combustible, peut constituer un *ensemble nouveau* et brevetable.

Exemple : Les divers systèmes brevetés de machines à vapeur, fixes, locomobiles ou locomotives, sont dans ce cas.

AMÉLIORATION DANS LE RÉSULTAT OBTENU. — Les modifications qui, par leur nature, procurent une facilitation du travail et une extension d'utilité, ne sont pas de simples changements de forme, mais constituent une véritable *invention par perfectionnement.*

Exemple : — Il en est ainsi des modifications introduites dans les instruments de musique en cuivre, tendant à supprimer les angles et à agrandir ou amoindrir les obstacles à la progression de l'air dans ces instruments.

C. Imp. ROUEN, 28 juin 1854. — Sax c. Raoux et autres.

IDÉE THÉORIQUE RENDUE PRATIQUE. — Le premier qui rend

pratique et industriel un procédé ou une idée purement théorique peut faire valablement breveter les moyens qu'il emploie.

Exemples : I. — Bien que les diverses réactions chimiques qui forment la base de la dorure par immersion fussent connues par des expériences de laboratoire, leur réunion et leur application industrielle constituent un *procédé nouveau* qui peut être valablement breveté.

C. App. PARIS, 9 mars 1848. — Christoffle c. Roseleur.

II. — L'idée théorique de la déviation verticale des gaz des hauts-fourneaux n'étant pas susceptible d'être brevetée indépendamment de tout système d'application, et étant, d'ailleurs, tombée dans le domaine public, les procédés nouveaux destinés à produire cette déviation n'en sont pas moins brevetables et constituent l'*application nouvelle de moyens connus*.

CASSATION, 1er mai 1851. — Thomas et Laurens c. Robert Dubu.

III. — Il en est de même pour l'*application pratique*, aux instruments de musique en cuivre, des principes théoriques de l'acoustique.

CASSATION, 9 février 1853. — Sax c. Raoux et autres.

MOYEN CONNU APPLIQUÉ A UNE INDUSTRIE DIFFÉRENTE. — Il peut y avoir application brevetable d'un moyen connu lorsqu'il est transporté dans une industrie différente.

La brevetabilité n'est pas douteuse si le résultat obtenu est nouveau.

Exemple : — Le lustrage de la fonte au moyen de la plombagine étant employé dans l'industrie, celui qui applique ce moyen au lustrage de la fonte de chasse, fait une *application brevetable*.

Trib. de VALENCE, février 1854. — David c. Lafont.

Substitution d'une matière a une autre. — Dans la plupart des cas, la substitution d'une matière à une autre, dans une fabrication, ne constitue pas une invention brevetable. Cependant, lorsque l'importance ou la conséquence de cette substitution est telle, qu'il y a production d'un nouveau résultat industriel, le droit à un brevet ne peut être contesté.

Exemples : I. — La substitution de l'oléine à l'huile, pour le graissage des fils ou tissus de laine, a été considérée, à bon droit, comme une invention véritable susceptible d'être brevetée.

C. App. Metz, 14 août 1850. — Alcan et Péligot c. Bacot et autres.

II. — Il a été décidé qu'il y avait invention brevetable, dans la substitution, dans les biberons, des bouts en caoutchouc ordinaire par des bouts en caoutchouc vulcanisé.

C. Imp. Paris, 6 avril 1854.— Thier c. Grossmann et Wagner.

Contra. I. — Contrairement à l'exemple qui précède, il a été décidé qu'il n'y avait pas application brevetable dans la substitution du caoutchouc vulcanisé au caoutchouc ordinaire dans la fabrication des tubes destinés à garnir l'extrémité des tuyaux de pipe.

C. Imp. Paris, 27 novembre 1852. — Kœpplin Solier c. Garnier.

II. — Il n'y a pas invention brevetable dans le fait de substituer le fer au bois dans la construction des châssis de couche.

C. R. Paris, 20 mars 1847. — Paquet Lefèvre c. Tronchon.

Économie dans la fabrication provenant de l'emploi de nouveaux moyens. — Lorsque, dans une fabrication, on fait usage de nouveaux moyens ayant pour résultat d'amener cette fabrication à un état de supériorité qui se manifeste par une économie dans la main-d'œuvre et une amélioration dans la production, il y a obtention d'un résultat industriel et les moyens employés peuvent être valablement brevetés.

Exemple : — Une combinaison nouvelle des agents ordinairement employés dans la fabrication du sucre peut être garantie par un brevet, du moment qu'elle a pour conséquence la production du sucre à meilleur marché.

CASSATION, 19 février 1853. — Bonzel Denisse c. Rousseau.

Mais, dans le cas où la SUPÉRIORITÉ DANS LA FABRICATION provient simplement d'une plus grande intelligence dans l'emploi des produits, de plus grands soins dans le choix des matières, et nullement de l'emploi de nouveaux moyens, il n'y a pas invention brevetable.

Exemples : I. — Il n'y a pas invention brevetable dans le fait qui consiste à apporter, dans la fabrication du ciment hydraulique, des soins particuliers tant au choix de la marne qu'à la suite des opérations que comporte ce genre de fabrication.

C. Imp. PARIS, 21 février 1861. — Lingée c. Montéage.

II. — De même, en ce qui concerne l'économie produite par la coupe plus intelligente d'une pièce d'étoffe.

T. civ. PARIS, 26 décembre 1838. — Heintz c. Thadomme.

III. — De même, de l'emploi plus habile de moyens connus, dans la fabrication et la teinture des bourres de soie.

C. Imp. PARIS, 21 janvier 1860. — Rhodé c. Royer et Roux.

PROPRIÉTÉS NOUVELLES D'UN CORPS CONNU. — Admettant la distinction qui consiste à dire que « l'invention diffère de la découverte, en ce sens que l'invention produit quelque chose de nouveau qui n'existait pas auparavant, et que la découverte met en lumière quelque chose qui existait, mais qui, jusqu'alors, avait échappé à l'observation [1] », celui qui met en évidence de nouvelles propriétés d'un corps ou d'un objet connu fait une *découverte;* or, comme, dans l'esprit de la loi, toute découverte utile à la société doit profiter à son auteur s'il indique une nouvelle application industrielle de sa découverte et si cette nouvelle application est susceptible de produire un nouveau résultat, on doit en conclure qu'il y a matière à brevet dans l'application industrielle des propriétés jusqu'alors ignorées d'un corps ou d'un objet connu.

Exemple. La lampe dite de Davy, dans laquelle la flamme est isolée au moyen d'une toile métallique qui l'entoure, était employée aux usages domestiques, lorsque Davy reconnut la propriété qui lui est particulière de brûler dans un mélange explosif sans qu'il y eût à craindre d'explosion, par suite du refroidissement que subit la flamme dans son passage à travers les mailles de la toile métallique.

La découverte de cette propriété permet l'application de cette lampe à l'usage des mines, où elle rend d'immenses services, et il n'est pas douteux que Davy eût pu valablement faire breveter cette nouvelle application [2].

Il faut distinguer les propriétés nouvelles d'un corps connu des EFFETS NOUVEAUX QUI SONT LA CONSÉQUENCE NATURELLE D'UN PROCÉDÉ CONNU; ces derniers peuvent, il est vrai, donner un

1. Nouguier. *Brevets d'invention*, p. 141.
2. Et. Blanc. *Traité de la contrefaçon*, p. 455.

résultat nouveau; mais, comme il n'est pas le fait d'une application nouvelle, les effets nouveaux qui en résultent ne peuvent faire l'objet d'un brevet puisque le résultat n'est pas brevetable en dehors des moyens employés.

Exemple. — Les sels métalliques et autres agents chimiques employés pour la désinfection des fosses d'aisances, produisent le double effet de désinfecter les matières qui sont contenues dans ces fosses, d'en arrêter momentanément la fermentation, et d'opérer, par leur pesanteur spécifique, la séparation des liquides et des solides : celui qui, le premier, a eu le mérite de constater ce phénomène et les avantages qu'on pouvait en retirer en profitant du moment où s'accomplit la séparation des liquides et des solides pour extraire les eaux vannes, celui-là, n'indiquant aucun procédé spécial et nouveau, ne peut, en vertu d'un brevet, et par cela seul qu'il aura découvert tous les avantages de cette opération antérieurement pratiquée, revendiquer le droit privatif de l'exploiter[1].

MODIFICATIONS OU PERFECTIONNEMENTS APPORTÉS A UNE INVENTION TOMBÉE DANS LE DOMAINE PUBLIC. — Lorsqu'un appareil a fait l'objet d'un brevet tombé dans le domaine public, celui qui le modifie ou le perfectionne de manière à ce que, dans son nouvel état, il produise un résultat supérieur à celui précédemment obtenu par l'appareil primitif, peut faire valablement breveter l'ensemble nouveau qui constitue son invention.

PERFECTIONNEMENTS PAR L'AUTEUR D'UN BREVET PÉRIMÉ. — Comme conséquence du paragraphe précédent, l'auteur d'un brevet périmé peut faire valablement breveter les perfectionnements qu'il apporte à l'invention qui faisait l'objet de son premier privilége.

1. Nouguier. *Brevets d'invention*, p. 146.

Dans le cas où le premier brevet est tombé accidentellement dans le domaine public, par suite du non-payement des annuités, ou pour tout autre motif, l'inventeur ne doit pas perdre de vue qu'un second brevet, pris pour le même objet, ne peut en aucune façon lui garantir les parties comprises dans le premier; à moins, donc, de perfectionnements sérieux, susceptibles, d'après le texte même de la loi, d'être valablement brevetés, il devra plutôt prendre son parti de la perte de son privilége, qu'espérer un résultat utile de ce que, vulgairement, on nomme un brevet de *rattrapage*.

Ne sont pas susceptibles d'être brevetés :

Les CHANGEMENTS DE FORMES ne consistant qu'en une simple modification dans les proportions ou l'aspect, et ne procurant ni une facilité dans le travail, ni une extension d'utilité (voir p. 96) ;

Les ORNEMENTS, de quelque genre que ce soit; ils rentrent dans la catégorie des dessins de fabrique et doivent faire l'objet d'un dépôt au tribunal de commerce ou au Conseil des prud'hommes (voir p. 73) ;

Les EMPLOIS NOUVEAUX, qui ne doivent pas être confondus avec les applications nouvelles ;

La SUBSTITUTION D'UNE MATIÈRE A UNE AUTRE, lorsqu'elle n'amène aucun changement dans le système de fabrication et n'a pas pour conséquence, soit une facilité dans le travail, soit un avantage dans les résultats (voir p. 63) ;

Une SUPÉRIORITÉ DANS UNE FABRICATION, ne provenant que d'une plus grande intelligence dans l'emploi des produits ou le choix des matières, et nullement de l'application de nouveaux moyens (voir p. 64) ;

Un SYSTÈME THÉORIQUE qui n'est pas accompagné des moyens pratiques de le réaliser (voir p. 61) ;

Les COMPOSITIONS PHARMACEUTIQUES;

Les PLANS OU COMBINAISONS DE CRÉDIT OU DE FINANCES.

La découverte est-elle nouvelle ?

L'inventeur ayant résolu affirmativement la question de savoir si sa découverte est brevetable doit se préoccuper de rechercher si elle est nouvelle, ou si elle n'est qu'une répétition plus ou moins complète d'une idée antérieurement présentée ou réalisée.

La solution de cette question présente certaines difficultés; cependant, des recherches bien dirigées, une connaissance exacte de l'industrie à laquelle s'applique l'invention, et une appréciation saine et impartiale des analogies, permettront à l'inventeur d'établir le mérite relatif de son idée, à l'égard des antériorités qu'il connaîtrait ou que ses recherches lui feraient découvrir.

Mais, dans le cas où ces dernières n'amèneraient aucun résultat qui lui fût défavorable, l'inventeur ne pourrait cependant se flatter de l'absolue nouveauté de sa découverte, car il ne doit pas perdre de vue qu'elle est exigée tant en France qu'à l'étranger.

De ce que l'inventeur ne peut être absolument certain de posséder un titre inattaquable au point de vue de la priorité, s'ensuit-il qu'il doive rester indifférent à toutes recherches?

De ce que ses recherches ne peuvent être assez étendues pour le convaincre de la nouveauté de son idée dans tous les pays du monde, s'ensuit-il qu'il doive renoncer à s'assurer si, bien loin d'être inventeur, il n'est pas lui-même contrefacteur? Non, certes; et c'est la solution de cette dernière question que l'inventeur doit avoir principalement en vue dans ses investigations.

Ces recherches, faites dans la mesure du possible, amènent cet excellent résultat d'éclairer le terrain et de permettre à l'inventeur d'éviter tout empiétement sur le domaine ou public ou privé; elles ne présentent pas de difficultés insurmontables, et il n'est pas un procès en contrefaçon qui ne donne lieu à de semblables recherches; or, il est incontestablement plus logique de les effectuer avant la demande du brevet.

L'inventeur peut alors, dans la rédaction, tenir compte des analogies rencontrées, modifier l'invention, s'il y a lieu, dans un sens différent, et, dans le cas où la nature des antériorités laisse quelque doute sur la nouveauté, il peut, ou s'abstenir, ou, tout au moins, éviter d'engager légèrement des procès dangereux.

Nous allons examiner les principales circonstances dans lesquelles la jurisprudence a eu à statuer sur la question de nouveauté, en indiquant, pour chaque cas particulier, quelques-uns des arrêts intervenus.

Possession antérieure tenue secrète. — I. La connaissance antérieure d'une invention, par un tiers qui l'a tenue secrète, ne constitue pas, aux yeux de la loi, une divulgation ou publicité de nature à invalider le brevet postérieurement obtenu.

Cassation, 22 avril 1854. — Panay c. Broquette.

C. de Dijon, 12 novembre 1856. — Domingo c. Martin.

II. — Celui-là même qui possédait l'invention avant qu'elle fût brevetée, peut être déclaré contrefacteur, s'il ne l'a pas divulguée avant le brevet, et si le breveté est le premier qui l'ait introduite dans le commerce [1].

C. R. Paris, 21 mai 1847. — Lejeune c. Parvilloy.

Cassation, 19 août 1853. — Thomas et Laurens c. Riant.

1. A. Huard. *Répertoire de Jurisprudence*, p. 482.

Contra. — III. Plusieurs arrêts ont cependant déclaré que, dans le cas ci-dessus, le brevet est valable contre tous, excepté contre celui qui, ayant le premier possédé le procédé, doit être maintenu dans sa possession.

Cassation, 28 février 1827. — Adam c. Pastré.
Id. 30 mars 1849. — Witz-Meunier c. Godefroy-Muller.
Id. 28 décembre 1855. — Marchall et autres c. le chemin de fer d'Orléans.

Cette dernière manière d'envisager le droit résultant d'une possession antérieure nous paraît, de tous points, plus équitable.

Essais ne comportant pas un caractère public. — I. Des essais antérieurs, faits dans le local de la société d'encouragement, ne constituent pas une publicité de nature à faire perdre à une invention son caractère de nouveauté et à invalider le brevet postérieurement obtenu.

C. App. Paris, 6 octobre 1827. — Lhomond c. Millet.

II. — Les essais particuliers ou confidentiels tentés par l'inventeur, en vue de perfectionner son œuvre, ne peuvent être considérés comme une divulgation et ne portent pas atteinte à la nouveauté de la découverte.

C. de Paris, 13 août 1840. — Ganilh c. Appert.

III. — Des essais infructueux tentés par des tiers et restés sans résultat, ne peuvent constituer des antériorités susceptibles de retirer à une invention réalisée dans le même ordre d'idées, et ayant pleinement réussi, le cachet de nouveauté exigé par la loi.

C. de Paris, 15 avril 1856. — Laming c. Carvaillon.

Essais publics. — Les essais publics, antérieurs à la demande du brevet, constituent la divulgation de l'invention que ces essais soient le fait de l'inventeur ou d'une administration publique à laquelle l'invention a été proposée.

C. Imp. PARIS, 1er avril 1852. — Echement c. Popelin Ducarre.

COMMUNICATION PAR LE MINISTÈRE D'UN BREVET ANTÉRIEUR [1]. — La communication faite par le ministère, en vertu de l'art. 24, d'un brevet pris antérieurement par un tiers et qui contiendrait la description d'un procédé identique, ne peut être invoquée, à titre de divulgation ou de publicité antérieure, que par le possesseur du premier brevet, ou par des tiers si ce brevet est tombé dans le domaine public.

CASSATION, 8 juillet 1848. — Chabrié c. Touche.
C. Imp. PARIS, 3 avril 1851. Neveu c. Chatelain.

DIVULGATION PAR UN OUVRIER DU BREVETÉ [2]. — I. Une invention ne perd pas son caractère de nouveauté par cela seul qu'elle a été divulguée par un ouvrier employé par l'inventeur. Dans de telles circonstances, l'inventeur peut encore, après une semblable divulgation, faire valablement breveter sa découverte.

C. R. PARIS, 11 juillet 1845. — Bissonnet c. Cabouret et Leroy.
CASSATION, 8 juillet 1848. — Chabrié c. Touche.
C. Imp. PARIS, 1er décembre 1853. — Dastis c. Caujolle.
C. de PARIS, 10 mai 1856. — Chevallier-Appert c. Salles.

CONTRA. — II. Des arrêts opposés, intervenant dans des circonstances analogues, ont déclaré que, quelle que fût la cause à laquelle était due la divulgation, le fait n'en subsistait pas moins, et retirait à l'invention tout caractère de nouveauté.

CASSATION, 24 décembre 1833. — Endigoux c. Richard et Arquier.
C. de DOUAI, 27 novembre 1841. — Hannoire c. Robert de Massy.
CASSATION, 20 mai 1844. — Hannoire c. Robert de Massy.

1. Nouguier. *Brevets d'invention*, p. 183.
2. Et. Blanc. *Contrefaçon*, p. 475. — Nouguier, *Brevets d'invention*, p. 190.

Cette contradiction prouve que la jurisprudence n'est pas exactement fixée sur ce point.

Il est certainement très-fâcheux pour un inventeur que la fraude ou l'imprudence d'un homme à ses gages puisse lui faire perdre le fruit de ses travaux ; mais il nous semble qu'en ce qui concerne l'application de la loi, la rigidité des faits ne s'accorde pas toujours avec la question de sentiment, et, quoique sympathique à la première manière de voir, nous trouvons cependant que la seconde est plus équitable au point de vue de l'intérêt des tiers.

Nous ne saurions donc trop appeler l'attention des inventeurs sur les dangers d'une divulgation précipitée et sur l'incertitude que leur présente, dans le cas qui précède, le rétablissement de leurs droits.

Publicité dans un ouvrage imprimé. — I. La publicité donnée à une invention par la voie de l'impression, en France ou à l'étranger, en langue française ou étrangère, lui retire tout caractère de nouveauté, et par conséquent de brevetabilité.

II. — La description d'une invention dans une correspondance privée constitue également une divulgation suffisante pour invalider le brevet postérieurement obtenu.

Dans l'un et l'autre cas, il faut cependant que la publicité ait été suffisante pour que l'invention ait pu être exécutée.

Cassation, 20 août 1851. — Alcan et Peligot c. Bertèche et autres.
Cassation, 8 avril 1854. — Higton c. Brett.

Publicité provenant d'un brevet antérieur a l'étranger. — I. Une invention ayant été brevetée à l'étranger perd son caractère de nouveauté en France, si le brevet étranger a été publié de manière à ce que l'invention ait pu être exécutée.

Cassation, 14 juillet 1848. — Jordery c. Hayem.

II. — Mais si le brevet étranger n'a été le fait d'aucune publicité et que l'invention soit restée secrète, il n'y a pas de divulgation.

C. App. PARIS, 9 février 1850. — Boucherie c. Renard-Perrin.

DIVULGATION PROVENANT DE LA VENTE. — I. La vente d'un produit, avant la demande du brevet, constitue une divulgation.

CASSATION, 24 décembre 1833. — Endigoux c. Richard et Arquier.

II. — La vente des produits, effectuée avant la demande d'un brevet ayant pour objet le procédé au moyen duquel on les obtient, constitue une divulgation, si l'inspection des produits ou l'analyse permettent de reconnaître et de reproduire le procédé de fabrication.

C. Imp. PARIS, 1er avril 1852. — Echement c. Popelin-Ducarre.

III. — Si le mode de fabrication ne peut être reconnu par l'inspection des produits, il n'y a pas divulgation.

C. R. PARIS, 3 juillet 1845. — Croizat c. Capelain-Lemercier.

IV. — De même, si l'analyse chimique ne peut révéler le procédé de fabrication.

C. de PARIS, 21 février 1856. — Florimond c. Daumont et autres.

Inventions garanties par un dépôt au tribunal de commerce ou au Conseil des prud'hommes.

Il est important de ne pas faire confusion entre les inventions industrielles, qui ne peuvent être garanties que par la demande de brevets d'invention, et les dispositions ou combinaisons qui, rentrant par leur nature dans la catégorie des dessins de fabrique, ne peuvent être protégées que par le dépôt au tribunal de commerce ou au conseil des prud'hommes.

La distinction est facile à établir; il n'est cependant pas inutile d'en indiquer le principe.

Le dépôt au tribunal de commerce ou au conseil des prud'hommes ne garantit que la forme extérieure d'un objet et non l'objet lui-même ou le moyen de l'obtenir : il faut, en plus, pour que l'objet rentre dans la catégorie des dessins de fabrique, qu'il provienne d'un travail artistique ou d'une combinaison de lignes, de couleurs, de tissus constituant un dessin nouveau ou une disposition nouvelle, que cette combinaison soit obtenue au moyen de l'impression, du tissage, de la broderie ou de toute autre manière. Le dépôt pourra garantir la combinaison, c'est-à-dire le résultat; mais le moyen de l'obtenir, s'il présente quelques particularités nouvelles, constituera une invention industrielle qui ne pourra être protégée que par une demande de brevet.

Nous ne pouvons mieux faire que de citer, à ce sujet, un passage de l'excellent ouvrage de M. E. Blanc: *Traité de la contrefaçon*.

« Si l'on consultait le sens grammatical, un dessin de fabrique ne devrait être autre chose qu'une œuvre d'art appliquée à l'industrie. Circonscrite dans cette limite, la protection légale manquerait à la plupart de ces innombrables créations que le goût enfante, que le caprice de la mode adopte, et qui, depuis longtemps, font l'incontestable supériorité de nos fabriques. Mais, dans la pratique, la pensée du législateur a été entendue dans un sens plus large; ainsi, on admet comme dessin de fabrique non-seulement un travail artistique, mais encore toute composition obtenue soit par l'arrangement des lignes, soit même par la combinaison des couleurs ; il suffit que la composition soit appliquée par l'impression, le tissage ou même par la broderie. Aussi, dans l'industrie, on se sert plus généralement du mot *disposition*, expression plus générale et partant plus vraie que le mot *dessin*, lequel s'applique plus exclusivement à un travail artistique.

« La définition que nous avons donnée du dessin de fabrique ne ressort pas seulement de la loi de 1806; elle est encore expressément indiquée par tous les documents antérieurs que nous avons énumérés dans l'historique de la législation. La jurisprudence l'a aussi constamment consacrée ; ainsi, il a été décidé qu'un dessin de fabrique n'est pas nécessairement une figure ou une forme déterminée par les lignes; il peut résulter aussi d'une simple combinaison de couleurs produisant un effet changeant.

« Il y a encore dessin de fabrique dans le simple assemblage de tissus ou de dessins déjà connus, mais combinés de manière à produire un effet nouveau.

« Il en est de même de la combinaison et de l'assemblage de rayures et de nuances.

« Enfin il a été jugé dans le même sens pour une simple disposition de fils, représentant dans le tissu, sous des formes particulières, une sorte de grillage à jour.

« Toute représentation d'une forme, d'une figure quelconque, constitue un dessin, lors même que cette représentation ne consiste que dans la configuration du contour; ainsi les choses naturelles, les produits de l'art, les objets géométriques et tous ceux que peut créer l'imagination peuvent être le sujet d'un dessin qui, représenté sur une étoffe, est un dessin de fabrique susceptible de devenir une propriété particulière.

« Une forme n'est pas un dessin de fabrique, par cela seul qu'elle est appliquée à des produits industriels; il faut encore qu'elle présente les caractères que nous avons définis plus haut. Si donc il s'agit, par exemple, d'une forme, d'un ornement en relief, lors même que cette forme est reproduite mécaniquement et dans des conditions manufacturières, il n'y a pas dessin de fabrique, mais *sculpture industrielle.* Telles sont les moulures, les arabesques, les formes de bijouterie, cristaux, bronzes, porcelaines, etc., etc. Si la forme constitue une combinaison utile, si elle produit un effet qui lui soit propre, si elle naît d'un procédé nouveau, elle s'appelle *invention*, et c'est la loi de 1844 qui la régit. Ainsi les tuyautures, produites sur des rubans au moyen de fils tirés, ne constituent pas un dessin de fabrique, mais un résultat obtenu par un procédé qui ne peut être protégé que par un brevet. Ainsi encore les boules de verre creuses à l'intérieur et bossuées à la surface, dont on fait des presse-papiers, ne sont ni des dessins de fabrique ni des sculptures industrielles : ce sont des produits essentiellement brevetables. »

Pour achever de faire saisir cette distinction, nous indiquerons quelques exemples sur lesquels la jurisprudence a été appelée à statuer :

1° Des lanternes de voitures affectant la forme de pan coupé, au lieu de celle carrée généralement adoptée, constituent une invention industrielle que ne protége pas un dépôt au Tribunal de commerce ou au conseil des prud'hommes.

2° Il en est de même de l'idée d'introduire dans la fabrication des rubans certains fils, dits *fils tirés*, qui permettent de produire un plissage ou tuyautement qui ne pouvait, antérieurement, s'effectuer qu'à la main.

CASSATION, 20 avril 1853. — Fontaine c. Monin et Fornion.

3° De même des boutons de porte montés d'une façon nouvelle.

T. de Com. PARIS, 19 novembre 1858. — Bourreif c. divers.

4° De même des combinaisons produites dans le tissage d'une étoffe, provenant d'un montage particulier du métier.

5° De même une disposition de fils métalliques soutenant le tissu de la carcasse de chapeaux de femme ne peut constituer un dessin de fabrique.

T. Cor. de la SEINE, 4 décembre 1862. — V. Champeval c. Libert et Chamas.

Privilége de l'inventeur pour perfectionner son invention.

Beaucoup d'inventeurs reculent moins devant les frais que peuvent occasionner les recherches préliminaires dont nous avons indiqué toute l'importance, que devant la perte de temps qu'elles entraînent et le retard qu'elles peuvent apporter à la mise en exploitation de leur invention; ils craignent surtout d'être prévenus dans leur demande de brevet, car, trop souvent, ils ont prématurément initié des tiers à tout ou partie de leur découverte, et l'ont divulguée plus ou moins complétement.

Beaucoup de brevets sont donc demandés alors que l'idée n'est encore qu'ébauchée, et, dans ce cas, l'inventeur ne peut se faire breveter que pour le principe de son invention; mais la loi, en lui accordant un privilége d'une année au détriment des tiers, pour les demandes de certificats d'addition relatifs à des perfectionnements se rapportant à l'invention principale, a prévu ce cas.

Cette année de privilége doit être employée, par l'inventeur, à perfectionner son œuvre, en l'étudiant au point de vue de sa réalisation pratique, et à faire les recherches qu'il n'a pu effectuer avant la demande du brevet, pressé qu'il était, par la nécessité ou sa propre impatience, de garantir le principe de sa découverte.

Le privilége dont nous venons de parler ne donne pas au breveté le droit de s'approprier les brevets obtenus pendant l'année pour un objet ayant quelque rapport avec sa découverte; il ne peut rattacher à son brevet principal que les perfectionnements qui se lient d'une manière intime à son invention primitive et qui en sont, en quelque sorte, le développement[1].

De la préparation des pièces du brevet.

Les recherches préliminaires étant effectuées, et l'étude des analogies étant aussi sérieusement faite qu'il est possible, l'inventeur doit se préoccuper tout particulièrement de la rédaction de son brevet, car il ne doit pas perdre de vue que les dessins et le mémoire descriptif qui accompagneront sa demande, constitueront le titre même qui lui sera délivré, et que son privilége se trouvera circonscrit dans les limites précises qu'il aura indiquées, et d'après les termes qu'il aura employés.

Or, l'écueil des brevets, leur pierre de touche, ce sont les procès. L'intérêt en jeu est alors si considérable, que les recherches les plus rigoureuses sont faites pour trouver des antériorités au privilége en cause; la rédaction du brevet, les dessins, sont commentés; on scrute la pensée, les intentions de l'inventeur; et, si le brevet sort intact de cette terrible épreuve, c'est, bien souvent, pour la subir de nouveau devant une autre juridiction.

On ne saurait donc, comme on le voit, apporter trop de soin à la préparation d'un brevet, et nous allons essayer de déterminer les conditions principales qui constituent une bonne rédaction.

1. Armengaud f^res^. *Le Génie Industriel*, t. IX, p. 112, § v.

Canevas préparatoire. — Avant de commencer la rédaction des pièces d'un brevet, le canevas doit en être complétement préparé et arrêté dans l'esprit de l'inventeur; c'est-à-dire que ce dernier doit avoir déterminé les limites dans lesquelles l'invention doit être circonscrite, étudié les parties qui, par suite de leur nouveauté ou de leur importance, doivent être mises en évidence, celles qui, par leur nature ou leur rôle secondaire et accessoire, ne doivent occuper que le second plan afin de ne pas attirer l'attention au détriment de l'objet principal du brevet.

Ce travail préparatoire est d'une importance considérable, et l'inventeur ne doit pas perdre de vue que, dans un procès, un tribunal ou un expert ne peut lui reconnaître que ce qu'il a réclamé dans la description et les dessins joints à sa demande; il est donc indispensable que, parfaitement d'accord avec l'esprit de la loi, il présente avec ordre et méthode ce qu'il considère comme constituant son invention, en éliminant avec soin les points douteux que l'argumentation de son adversaire pourrait retourner contre lui; car, dans la description, le doute s'interprète contre le breveté.

Il est utile de faire remarquer, à ce sujet, que ce qui est brevetable dans une invention, ce n'est pas le but poursuivi mais la combinaison ou le procédé au moyen duquel le résultat est atteint; le brevet doit donc indiquer le but que l'inventeur a en vue, et décrire avec détails les moyens mis en œuvre pour l'atteindre.

Dessins. — Les dessins, si le brevet en comporte, doivent être exécutés avec tout le soin possible.

S'il s'agit d'une machine, d'un appareil, le dessin doit le représenter avec exactitude dans ses moindres détails, suivant les règles du dessin industriel, et tel qu'il devra être exécuté;

car il ne faut pas perdre de vue que la loi exige que les pièces jointes à la demande permettent de reproduire l'invention.

S'il est question d'un perfectionnement à une machine ou un appareil connu, le dessin doit être sobre de détails à l'égard des parties connues, mais les portions nouvelles doivent être mises en relief et frapper tout d'abord l'attention de l'observateur, qui doit pouvoir, d'un coup d'œil, en saisir l'ensemble et en apprécier la combinaison. Des dessins de détail donneront, s'il y a lieu, la forme des pièces principales que le plan d'ensemble ne mettrait pas suffisamment en évidence.

Tous ces dessins doivent être exécutés à l'encre et d'après une échelle *métrique* convenablement choisie. L'inventeur devra multiplier les plans, s'il est nécessaire, plutôt que de laisser obscure ou incomplète une partie de son système.

La loi permet de joindre à la demande des modèles ou des échantillons ; mais ils ne peuvent en aucune façon dispenser des dessins, qui sont les seules pièces officielles reconnues.

Mémoire descriptif. — Le mémoire descriptif est peut-être la pièce la plus importante d'un brevet. Chaque mot doit en être calculé, car, à un moment donné, il peut avoir une importance sérieuse.

Dans la rédaction, rien ne doit prêter à l'interprétation, ce qui ne peut avoir lieu qu'autant que l'inventeur est parfaitement pénétré de son sujet et connaît à l'avance le terrain sur lequel il est placé, c'est-à-dire, a pu apprécier la limite exacte de ses droits, ce qui, dans son invention, est complétement nouveau, ce qu'il a emprunté au domaine public, et la ligne de démarcation qui le sépare des droits des tiers.

Le mémoire descriptif d'un brevet est donc une pièce dont la rédaction présente de sérieuses difficultés. Il est indispensable qu'en le rédigeant, l'inventeur connaisse ce qu'il doit craindre, et qu'il ait constamment devant les yeux les objections qui pourraient lui être opposées, le procès qui pourrait lui être fait, afin que sa rédaction y réponde, en quelque sorte, d'avance, et le prémunisse contre ces éventualités.

La description doit être écrite lisiblement et rédigée en français, dans un style clair et précis. Elle ne doit pas faire mention des anciens poids et mesures.

Elle doit, de plus, sous peine de nullité du brevet, indiquer d'une manière loyale et complète les véritables moyens de l'inventeur.

L'ordre qui nous paraît devoir être suivi, dans la rédaction d'un mémoire descriptif, consiste à exposer d'abord succinctement le but de l'invention, ses applications et les avantages qu'elle présente sur ce qu'elle tend à remplacer;

Puis la machine, le procédé ou le produit, doit être décrit exactement et complétement, en se reportant, par des lettres, au dessin qui accompagne la description;

Enfin, un résumé court et précis doit rappeler les points principaux revendiqués par l'inventeur.

De la demande.

La demande doit être limitée à un seul objet principal, sous peine d'encourir le rejet du brevet.

Lorsqu'une demande comprend deux objets n'ayant pas entre eux de connexité, dont l'un n'est pas le complément de l'autre, mais formant, au contraire, deux inventions distinctes, ayant chacune son originalité, une fonction indépendante et complète, — elle n'est pas limitée à un seul objet principal.

Un brevet pris pour une machine à battre le blé peut comprendre le manége qui la met en mouvement; de même, un brevet peut être demandé pour l'épuration du gaz et pour l'obtention des produits accessoires (soude et alun); le brevet demandé pour des perfectionnements aux appareils de chemins de fer peut s'appliquer aux locomotives, en même temps qu'au système de voie ferrée, si l'un est la conséquence de l'autre.

Mais le brevet demandé pour un nouveau système de pompe, et qui décrirait en même temps une nouvelle machine locomobile, comprendrait deux objets distincts, car on ne peut admettre que l'un soit le complément, l'accessoire de l'autre, et facilite son exploitation.

Du titre du brevet.

La demande indiquera un titre renfermant la désignation sommaire et précise de l'invention.

Si, dans une intention frauduleuse, le breveté s'est servi d'un titre ayant pour but de cacher le véritable objet de l'invention, le brevet peut être annulé.

Il serait même fort désirable, — surtout au point de vue des recherches qu'à un moment donné tout inventeur ou tout breveté a tant d'intérêt à effectuer, — que les titres des brevets fussent plus rigoureusement indiqués suivant le véritable esprit de la loi. C'est ainsi qu'au lieu de désigner l'appareil, l'organe qui fait l'objet de l'invention, on indique sous le titre général de « perfectionnements aux machines à vapeur, » soit une pompe à air, soit une pompe d'alimentation, soit un régulateur, soit même un générateur à vapeur; il en est à peu près de même pour les autres industries, de telle sorte, que l'inventeur consciencieux, qui veut se rendre compte du mérite et de la nouveauté de sa découverte en recherchant ce qui a été fait avant lui, se trouve en présence d'indications confuses qui rendent son travail des plus pénibles.

Ce serait une erreur de supposer qu'en voilant ainsi le véritable objet de son brevet, on se garantisse contre les perfectionnements que peuvent combiner les tiers, ou que l'on obtienne tout autre résultat imaginaire que nous n'entrevoyons même pas. Il en résulte simplement que les recherches sont plus longues et moins sûres, ce que l'on ne tarde pas, d'ailleurs, à reconnaître soi-même lorsque, à son tour, on se trouve dans la nécessité d'en effectuer.

Du dépôt.

Le dépôt, qui s'effectue au secrétariat de la préfecture du domicile réel ou élu, ne sera reçu que sur la production d'un récépissé constatant le versement d'une somme de cent francs, montant de la première annuité.

Les pièces de la demande comprennent :

1° Une demande au ministre de l'agriculture, du commerce et des travaux publics;

2° Le mémoire descriptif en double expédition;

3° Les dessins en double expédition;

4° Un bordereau des pièces.

Elles sont signées par le pétitionnaire ou son fondé de pouvoir et réunies sous une enveloppe cachetée; les renvois et les pages sont paraphés.

Un procès-verbal rédigé par le Secrétaire général de la Préfecture, et signé par le demandeur, constate le jour et l'heure du dépôt.

C'est de ce moment que le brevet commence à courir.

Le titre officiel du brevet est délivré deux à trois mois, environ, après le dépôt.

Certificats d'addition et perfectionnements apportés aux inventions brevetées.

Les certificats d'addition sont délivrés pour les perfectionnements apportés, par le breveté ou ses ayant droit, à l'idée principale qui a fait l'objet d'un brevet d'invention.

Les certificats d'addition doivent donc, sous peine de nullité, se rattacher à l'idée principale; ils prennent fin avec le brevet principal.

La nullité du brevet entraîne celle de tous les certificats d'addition qui s'y rattachent, mais la nullité du certificat peut être prononcée sans qu'elle entraîne forcément celle du brevet.

Nul autre que le breveté ou ses ayant droit ne pourra, pendant une année, prendre valablement un brevet pour un changement, perfectionnement ou addition à l'invention qui fait l'objet du brevet primitif.

Cette faveur accordée au breveté lui laisse la latitude nécessaire pour perfectionner l'invention dont il n'a pu souvent, dans son brevet primitif, que poser le principe.

Elle n'enlève pas, toutefois, aux tiers, le droit de perfectionner une invention quelconque et de demander, à leur profit, un brevet pour ce perfectionnement; mais leur demande reste déposée sous cachet, et à la fin de l'année de privilége en faveur du breveté, elle leur est accordée, à moins que le possesseur du brevet principal n'ait ultérieurement formulé une demande pour le même objet.

Les formalités qui accompagnent les demandes de certificats d'addition sont les mêmes que pour les brevets d'invention.

Le pétitionnaire doit présenter un récépissé constatant le versement d'une taxe unique de 20 fr.

Lorsque le possesseur d'un brevet d'invention apporte à sa

découverte des perfectionnements importants qui en modifient plus ou moins complétement les moyens d'exécution tout en conservant le principe fondamental de l'invention, il peut et a intérêt à prendre un nouveau brevet au lieu d'un certificat d'addition.

Ce nouveau brevet ayant son existence particulière et indépendante, il en résulte que l'inventeur peut ainsi prolonger la jouissance de son privilége, et que, lorsque le premier brevet est expiré, le second lui garantit, pour un temps plus ou moins long, les perfectionnements qui en font l'objet et qui servent de base à son exploitation.

Le principe de son invention est bien tombé dans le domaine public avec son premier titre, mais le second le met à l'abri de toute concurrence dangereuse puisqu'il lui garantit la jouissance exclusive de ses perfectionnements.

Taxes.

La taxe totale est composée d'autant de fois cent francs qu'il y a d'années dans la demande.

Cette taxe se payant par annuités, il en résulte que les brevets sont demandés pour le terme le plus long, soit quinze ans; le breveté qui ne veut pas continuer son privilége se contentede cesser d'acquitter la taxe; il est alors déchu de tous ses droits.

La taxe pour un certificat d'addition est de 20 fr. une fois payés.

La copie certifiée d'un brevet coûte 25 fr., mais les dessins sont exécutés aux frais du demandeur.

La copie certifiée de chaque certificat d'addition coûte 20 fr. Comme pour le brevet, les dessins sont copiés par le demandeur, et à ses frais.

Chacune de ces taxes est augmentée de cinquante centimes pour frais de timbre.

Payement des annuités.

Les annuités, de cent francs chacune, doivent, sous peine d'encourir la déchéance, être payées avant le commencement de chaque période annuelle du brevet.

Différents arrêts de la Cour de cassation ont cependant consacré que le breveté qui acquitte la taxe le jour correspondant à celui du dépôt, n'encourt pas la déchéance.

CASSATION, 1er septembre 1855. — Blondet et Cie c. Antrailles et autres.

CASSATION, 10 janvier 1863. — Vimont c. Sikes et Collier.

De la transmission et de la cession des brevets.

Un breveté peut céder, à des tiers, tout ou partie de ses droits.

Suivant la nature et l'étendue des droits cédés, la transaction prend le nom de *cession totale*, de *cession partielle*, ou de *licence*.

La cession totale ou partielle comprend l'abandon, par le breveté, de tout ou partie des droits de propriété que lui confère son privilége, soit à l'égard des tiers, soit à l'égard du titre lui-même, tels que les droits de poursuite, de vente, etc.

La licence constitue une simple concession d'exploitation.

Aucune cession ne sera valable à l'égard des tiers qu'autant qu'elle aura été faite par acte notarié, et enregistrée au secrétariat de la Préfecture du département dans lequel l'acte aura été passé.

De plus, toutes les annuités qui restent à courir doivent être intégralement acquittées.

Ces formalités ne sont pas exigées pour une licence d'exploitation.

Le payement intégral de la taxe n'est pas exigé :

1° Lorsque le brevet est pris à plusieurs noms et qu'un des titulaires devient seul propriétaire ;

2° Lorsque, après faillite, un jugement attribue à un tiers les droits au brevet dépendant de la faillite.

L'accomplissement des formalités prescrites par la loi en cas de cession totale ou partielle d'un brevet, et, notamment, l'obligation d'acquitter les annuités restant à courir, constitue une garantie tout en faveur du cessionnaire.

Dans beaucoup de cas cependant, surtout lorsqu'il s'agit de la cession de brevets de peu d'importance, cette dernière obligation paraît onéreuse aux parties contractantes, et elles peuvent être tentées de s'en affranchir en se contentant de constituer leur transaction par un acte sous seing privé.

Nous croyons devoir appeler toute l'attention des cessionnaires sur les dangers que présente, pour eux seuls, cette manière d'opérer. Une cession n'a de valeur vis-à-vis des tiers qu'autant que les formalités prescrites ont été remplies ; il en résulte donc que celui qui n'est constitué cessionnaire d'un brevet que par un acte sous seing privé, est sans titre légal pour attaquer les contrefacteurs, faire lui-même des cessions et accorder des licences ; de plus, sa situation peut devenir dangereuse si, par oubli, négligence ou mauvais vouloir, son cédant qui, aux yeux de l'administration, est toujours le titulaire du brevet, vient à ne pas payer les annuités aux échéances déterminées ; le cessionnaire se trouvera ainsi personnellement engagé vis-à-vis de tiers, au nom d'un titre devenu nul entre ses mains.

Il est donc important que le cessionnaire se prémunisse contre de semblables éventualités et que l'existence du brevet qu'il a acquis ne se trouve pas à la discrétion d'un tiers ; il doit donc se mettre complétement en règle avec l'administration, et, dans le cas où le versement immédiat des annuités restant à courir constituerait pour lui ou son cédant une trop lourde charge, il peut commencer par faire dresser, par devant notaire, l'acte de cession, de telle sorte qu'il sera toujours maître, si la nécessité se fait sentir d'agir à l'égard de tiers à un titre quelconque, de lever une expédition de l'acte notarié, et d'achever de se mettre en règle en le faisant enregistrer et en effectuant le payement total des annuités.

Nous considérons également comme indispensable qu'une licence d'exploitation présentant de l'importance, soit établie par un acte notarié stipulant l'accomplissement des mêmes formalités que celles exigées pour une cession, afin que le licencié puisse, si ses intérêts le lui commandent, se garantir contre les éventualités provenant d'une déchéance possible du brevet qu'il exploite, en effectuant le payement des taxes, et en faisant enregistrer l'acte à la Préfecture.

Les cessionnaires d'un brevet et ceux qui auront acquis d'un breveté ou de ses ayant droit la faculté d'exploiter la découverte ou l'invention, profiteront, de plein droit, des certificats d'addition qui seront ultérieurement délivrés au breveté ou à ses ayant droit. Réciproquement, le breveté et ses ayant droit profiteront des certificats d'addition qui seront ultérieurement délivrés aux cessionnaires de l'exploitation.

De la communication et de la publication des descriptions et dessins de brevets.

A partir du jour du dépôt, un brevet reste secret environ trois mois, terme après lequel le public peut en prendre connaissance, sans frais, au ministère de l'agriculture, du commerce et des travaux publics.

Quatre mois environ après le dépôt, le titre du brevet et

le nom du titulaire sont donnés dans le catalogue officiel publié par le gouvernement.

Les brevets dont la deuxième annuité a été acquittée sont publiés en entier, ou par extrait, par le gouvernement.

Cette publication, qui pourrait rendre les services les plus considérables aux personnes qui veulent demander des brevets d'invention, surtout au point de vue des recherches préalables qui sont de nature à présenter tant d'importance, est malheureusement, par suite du travail considérable qu'elle occasionne, constamment en retard de neuf à dix ans.

De plus, la lacune qu'elle présente en ne mentionnant pas les brevets dont la première annuité a seule été acquittée, et qui constituent cependant une partie notable du domaine public que tout inventeur a tant d'intérêt à connaître, ne permet pas à ceux qui font des recherches dans cet ouvrage, d'en tirer tout le profit qu'ils seraient en droit d'en attendre.

Toute personne, en présentant au ministre une demande acompagnée du récépissé constatant le versement de la taxe, peut obtenir une copie de la description des brevets dont la durée n'est pas expirée; le pétitionnaire doit se charger de l'exécution des dessins.

Les brevets dont la durée est expirée sont déposés au Conservatoire des arts et métiers, où chacun peut les consulter et en prendre copie sans frais.

Introduction en France d'objets similaires fabriqués à l'étranger.

Celui qui introduit en France des objets qui y sont garantis par un brevet d'invention commet le délit de contrefaçon.

Le breveté qui introduit en France des objets provenant de l'étranger, analogues à ceux qui font l'objet de son brevet français, se place sous le coup de la déchéance, alors même qu'il serait également breveté dans le pays où ils ont été fabriqués.

Toutefois, lorsqu'il s'agit d'une découverte importée de l'étranger par l'inventeur lui-même, les premiers modèles indispensables à l'exploitation du brevet pourront être introduits en France, sur l'autorisation spéciale du ministre de l'agriculture, du commerce et des travaux publics.

Des nullités et déchéances.

Un brevet n'est nul ou déchu qu'autant que la nullité ou la déchéance a été prononcée par un tribunal; jusque-là, un brevet qui se trouve sous le coup de l'une des causes de nullité ou de déchéance indiquées par la loi, jouit de la plénitude de ses droits.

Il existe entre la nullité ou la déchéance d'un brevet, une distinction qu'il est bon de noter.

Il y a nullité lorsque le brevet a été pris contrairement aux dispositions de la loi; il n'a pas eu, dans ce cas, d'existence légale.

Il y a déchéance lorsque le brevet, ayant été pris suivant les prescriptions de la loi, et ayant eu ainsi une existence légale plus ou moins longue, prend fin prématurément, soit par le fait du titulaire qui n'aura pas acquitté les taxes en temps utile ou aura cessé d'exploiter sa découverte, soit parce que la déchéance aura été prononcée par les tribunaux.

Des causes qui peuvent amener la nullité ou la déchéance d'un brevet.

Seront nuls et de nul effet, les brevets délivrés dans les cas suivants, savoir :

1° Si la découverte, invention ou application n'est pas nouvelle ;

2° Si la découverte, invention ou application n'est pas susceptible d'être brevetée;

3° Si les brevets portent sur des principes, méthodes, systèmes, découvertes et conceptions théoriques, ou purement scientifiques, dont on n'a pas indiqué les applications industrielles;

4° Si la découverte, invention ou application est reconnue contraire à l'ordre ou à la sûreté publique, aux bonnes mœurs ou aux lois, sans préjudice, dans ce cas et dans celui du paragraphe précédent, des peines qui pourraient être encourues pour la fabrication ou le débit d'objets prohibés;

5° Si le titre sous lequel le brevet a été demandé indique frauduleusement un objet autre que le véritable objet de l'invention;

6° Si la description jointe au brevet n'est pas suffisante pour l'exécution de l'invention, ou si elle n'indique pas, d'une manière complète et loyale, les véritables moyens de l'inventeur;

7° Si le brevet a été obtenu contrairement aux prescriptions administratives.

Seront également nuls, et de nul effet, les certificats comprenant des changements, perfectionnements ou additions qui ne se rattacheraient pas au brevet principal.

Ne sera pas réputée nouvelle toute découverte, invention ou application qui, en France ou à l'étranger, et antérieurement à la date du dépôt de la demande, aura reçu une publicité suffisante pour pouvoir être exécutée.

Sera déchu de tous ses droits :

1° Le breveté qui n'aura pas acquitté son annuité avant le commencement de chacune des années de la durée de son brevet;

2° Le breveté qui n'aura pas mis en exploitation sa découverte ou invention en France, dans un délai de deux ans, à dater du jour de la signature du brevet, ou qui aura cessé de l'exploiter pendant deux années consécutives, à moins que, dans l'un ou l'autre cas, il ne justifie des causes de son inaction;

3° Le breveté qui aura introduit en France des objets fabriqués en pays étranger et semblables à ceux qui sont garantis par son brevet.

Néanmoins le ministre de l'agriculture, du commerce et des travaux publics, pourra autoriser l'introduction : 1° Des modèles de machines; 2° des objets fabriqués à l'étranger, destinés à des expositions publiques ou à des essais faits avec l'assentiment du gouvernement.

Des actions en nullité et en déchéance.

Les actions en nullité et en déchéance de brevets sont du ressort des tribunaux civils.

Elles ne peuvent être exercées que par celui ou ceux qui y ont intérêt. Il ne faudrait pas, en effet, que l'existence d'un brevet fût à la merci de la première personne venue ayant connaissance de circonstances de nature à l'invalider, mais n'ayant personnellement aucun intérêt à exercer cette action, et que le breveté fût tenu de soutenir des procès qui lui seraient intentés sans but, et sans que le résultat fût susceptible d'intéresser le demandeur.

Les tribunaux sont juges du degré de l'importance de l'intérêt que peut avoir le demandeur à intenter l'action en nullité ou en déchéance.

La nullité ou la déchéance d'un brevet peut être totale ou partielle, c'est-à-dire porter sur l'ensemble et la totalité d'un brevet, ou seulement sur quelques parties.

La nullité ou la déchéance d'un brevet est absolue ou relative; dans le premier cas, le brevet tombe dans le domaine public, il est nul à l'égard de tous; dans le second cas, la chose jugée ne s'établit qu'entre le breveté et son adversaire; le brevet n'est nul qu'à l'égard de ce dernier.

Il y a nullité absolue lorsqu'elle est prononcée par le tribunal civil sur les réquisitions du ministère public.

De la Contrefaçon.

Toute atteinte portée aux droits du breveté, soit par la fabrication des produits, soit par l'emploi des moyens faisant l'objet de son brevet, constitue le délit de contrefaçon.

Il y a contrefaçon :

I. — Lorsqu'un produit breveté est reproduit, même par d'autres moyens que ceux indiqués dans le brevet.

T. de PARIS, 10 avril 1829. — Fournier c. Piet.
CASSATION, 15 mars 1856. Delacour c. Hugues et Rolland
C. de PARIS, 2 août 1856. — Demar c. Montagnac.
C. Imp. LYON, 13 novembre 1861. — Renard c. Depouilly.

II. — Lorsqu'un appareil breveté est reproduit avec une forme différente.

C. de LYON, 31 décembre 1856. — Gâche c. Gérin.
T. Civ. CLERMONT, 23 avril 1858. — Brille-Wallet c. Léger.
C. de LYON, 25 mai 1859. — Daubet et Dumarest c. Montagnat.

III. — Lorsqu'un ensemble nouveau ou une combinaison nouvelle, composés de moyens connus, sont reproduits en employant les mêmes moyens ou des moyens différents concourant au même résultat.

C. R. DOUAI, 30 mars 1846. — Jourdan c. Descat Crouzet.
CASSATION, 22 décembre 1855. — Marchall c. le chemin de fer d'Orléans.
C. Imp. PARIS, 13 mars 1862. — Redier c. Reclus.

IV. — Il n'est pas nécessaire, pour qu'il y ait contrefaçon, que l'on ait reproduit l'ensemble de la chose brevetée ; il suffit que l'on en ait reproduit une ou plusieurs des parties nouvelles.

T. Civ. du Havre, 30 décembre 1857. — Godet c. Lecoq.

V. — La fabrication des organes séparés d'une machine brevetée constitue la contrefaçon partielle, si ces organes, pris isolément, sont une invention, ou si, étant du domaine public, il est constaté que ces organes devaient servir à la construction de la machine dont l'ensemble seul est breveté [1].

C. Imp. Orléans, 24 avril 1855. — Motte c. Laurence et Cotelle.
Cassation, 10 août 1855. — Mêmes parties.
Cassation, 26 juillet 1861. — Lutz c. Dabé.

VI. — Le délit de contrefaçon est justifié par un commencement d'exécution.

VII. — La fabrication, à titre d'essai, d'un objet breveté, constitue la contrefaçon, alors même que cet objet n'a pas été mis en vente.

T. de Paris, 20 juillet 1834. — Bataille c. Hudelin.

VIII. — Celui qui répare un appareil breveté, de manière à en prolonger la durée, se place, par ce fait, sous le coup de la contrefaçon.

C. Imp. Paris, 19 août 1854. — Bergerat c. Jullien.
Orléans, 24 avril 1855. — Motte c. Laurence.
Cassation, 10 août 1855. — Mêmes parties.
C. de Paris, 11 juillet 1861. — Sax c. Besson.

IX. — Celui qui commande la contrefaçon est réputé con-

1. A. Huard. *Répertoire de Jurisprudence*, p. 524.

trefacteur, du moment qu'il indique ou impose l'emploi des matières ou le mode de fabrication.

C. de Rhodez, 25 février 1851. — Vachon c. Pouget.

Cassation, 30 mars 1853. — Guérin, Charrière et autres c. Hossard.

C. de Paris, 12 juillet 1856. — Fourneaux c. Bruni.

C. de Paris, 6 décembre 1859. — Duranton c. Venet et Falize.

X. — L'usage industriel d'un objet breveté constitue le délit de contrefaçon.

Le propriétaire d'un café qui achète un appareil breveté destiné à préparer le café qu'il débite aux consommateurs, est considéré comme en ayant fait un usage commercial et non personnel.

C. de Paris, 27 novembre 1857. — Gougy c. Vallée.

Il en est de même de l'acquisition, par un maître d'hôtel, de boules inflammables destinées à l'allumage des feux des voyageurs.

C. de Paris, 18 novembre 1859. — Blondel c. Judas.

XI. — L'introduction en France d'objets contrefaits fabriqués à l'étranger constitue le délit de contrefaçon, alors même que les objets introduits ne sont pas destinés à être vendus.

C. de Paris, 20 novembre 1850. — Jouvin c. Letimbre.

C. Imp. Paris, 14 juillet 1854. — Gaupillat, et Cie c. Morin.

T. Cor. Paris, 30 mai 1861. — Debain c. les fabricants de boîtes à musique.

XII. — Le cessionnaire partiel qui emploie, vend ou fabrique un objet breveté, dans un lieu autre que celui pour lequel la cession lui a été consentie, commet le délit de contrefaçon.

T. de Lyon, 23 novembre 1854. — Lesobre c. Bonnet-Loisel.

T. de Cambrai, 19 mai 1855. — David-Labbez c. Lenique.

XIII. — La bonne foi du contrefacteur n'est pas une excuse légale.

CASSATION, 20 avril 1851. — Cunin-Gridaine et autres c. Alcan et Péligot.

T. Civ. PARIS, 13 avril 1859. — Burnichon c. Pasqualini.

XIV. — La contrefaçon est un délit successif dans le cas d'un emploi ou d'une fabrication continue; dans cette circonstance, la *prescription* [1], qui est de trois ans, ne commence à courir que de l'époque à laquelle s'est accompli le dernier fait de contrefaçon.

T. Civ. PARIS, 12 juin 1856. — Sax c. Gautrot.

CASSATION, 8 août 1857. — Mêmes parties.

Mais si le délit de contrefaçon provient d'un fait de vente, chaque vente est un délit distinct, pour lequel la prescription court du jour où il a été accompli.

PARIS, 28 mai 1852. — Lacordaire et autres c. Lapayrère.

CASSATION, 8 août 1857. — Sax c. Gautrot.

T. de LYON, 18 novembre 1858. Vieillot c. Ofray.

Il n'y a pas contrefaçon :

I. — Lorsqu'un appareil, une machine, un procédé connu, formé de la réunion de moyens nouveaux, est produit par la combinaison de moyens différents de ceux indiqués par le brevet; mais de simples changements dans la forme, des modifications sans importance, ne peuvent constituer une différence suffisante pour éviter la contrefaçon.

CASSATION, 26 mars 1856. — Duchesne c. Nadal.

C. de PARIS, 10 février 1858. — Claudin c. Moutier-Lepage.

Id. PARIS, 6 mars 1860. — Dupuis et Dumery c. Lemercier.

1. Nouguier. *Brevets d'invention*, p. 452. — Et. Blanc. *Contrefaçon*, p. 672.

II. — Lorsqu'un brevet a été pris pour une combinaison nouvelle d'éléments connus, on peut se servir de ces divers éléments en les combinant d'une manière différente.

T. Cor. PARIS, 22 août 1861. — Rouget de Lisle c. Nicole et autres.

III. — Celui qui achète de bonne foi un objet contrefait, pour en faire un usage personnel et non commercial, ne commet pas le délit de contrefaçon.

CASSATION, 28 juin 1844. — Mansson-Michelson c. Huyard et autres.

CASSATION, 12 juillet 1851. — Vachon c. Chauveau.

C. de DOUAI, 5 août 1851. — Jérosme c. Gomel.

Mais si l'acquéreur avait connaissance de la contrefaçon il peut être poursuivi.

T. de DIJON, 12 mars 1851. — Vachon c. Baroche.

IV. — De simples essais restés sans application régulière ne peuvent être considérés comme constituant la contrefaçon prévue et punie par la loi.

T. Cor. PARIS, 4 décembre 1839. — Dubus et Bonnel c. Péronnet.

C. de DOUAI, 11 avril 1859. — Gaillard c. Beaugrand.

C. de PARIS, 18 juillet 1859. — Thomas c. le ministre de la guerre.

V. — Le fait de prendre un brevet pour un objet antérieurement breveté, et dont le privilége est encore en vigueur, ne constitue pas le délit de contrefaçon, si l'exploitation n'a pas suivi l'obtention du second brevet.

CASSATION, 30 décembre 1843. — Painchaut c. Huaut et Benoît.

VI. — Celui qui usurpe la dénomination sous laquelle est connue une invention brevetée, sans imiter le produit ou le mode de fabrication, ne commet pas le délit de contrefaçon, mais fait acte de *concurrence déloyale.*

C. R. PARIS, 26 décembre 1841. — Robertson c. Langlois.
C. Imp. PARIS, 6 juillet 1854. — Madeline c. Maurin.

VII. — La vente des objets brevetés effectuée par le créancier du breveté ne constitue pas la contrefaçon; mais il n'en serait pas de même de l'acquéreur de ces objets qui en ferait un usage industriel.

T. de PARIS, 19 mars 1861. — Botta c. Chevreux.

Des actions en contrefaçon.

POURSUITE DE LA CONTREFAÇON. — L'inventeur qui a demandé un brevet ne peut poursuivre la contrefaçon que lorsque le titre lui a été délivré.

Lorsque le brevet a pris fin, il ne peut plus poursuivre que les délits qui ont été consommés avant l'époque de son expiration.

Le cessionnaire, total ou partiel, peut poursuivre la contrefaçon; mais ce dernier doit se renfermer dans les limites indiquées par l'acte de cession. Dans tous les cas, le cessionnaire ne peut agir qu'autant qu'il a rempli les prescriptions légales qui valident une cession (contrat notarié, enregistrement, payement total des taxes).

Celui qui ne possède qu'une simple licence d'exploitation est sans droits pour agir contre les contrefacteurs, l'action de poursuite ne pouvant être exercée qu'en vertu d'un droit de propriété que ne comporte pas la licence.

Le failli ne peut poursuivre sans le concours de ses syndics; la femme mariée doit être assistée de son mari, le mineur de son tuteur.

Les tribunaux compétents pour connaître de la contrefaçon sont : les tribunaux de police correctionnelle, les tribunaux civils de première instance, les tribunaux militaires; ces derniers sont saisis dans le cas où le délit a été commis par des militaires en activité de service.

Le breveté peut, à son choix, porter son action devant la juridiction civile ou correctionnelle; mais les questions de déchéance sont du ressort des tribunaux civils de première instance.

Le breveté peut poursuivre la contrefaçon : soit en déposant une plainte au parquet du Procureur Impérial et en requérant une instruction; soit par voie de citation directe saisissant le tribunal correctionnel de la connaissance du délit; soit, enfin, en portant l'affaire devant les tribunaux civils et en demandant des dommages-intérêts pour le préjudice causé.

Le moyen d'action le plus ordinairement employé consiste dans la citation directe devant le tribunal correctionnel.

Défense a la poursuite en contrefaçon. — Les moyens de défense consistent, en général, en moyens de forme et en moyens de fond.

Les moyens de forme qui peuvent être mis en avant par le défendeur, comprennent :

Nullité de la citation; incompétence du tribunal; défaut de qualité du demandeur par suite de sa position de cessionnaire irrégulièrement constitué, de femme mariée non assistée de son mari, d'étranger n'ayant pas fourni caution.

Les moyens de fond comprennent :

La nullité ou la déchéance du brevet pour l'une des causes indiquées par la loi (voir *Causes de nullité et de déchéance*); la revendication de la propriété du brevet; l'autorisation donnée par le breveté; la prescription.

Lorsque la nullité d'un brevet est invoquée par un prévenu de contrefaçon, il est tenu d'en fournir la preuve.

L'existence d'un brevet antérieur à celui en vertu duquel la poursuite est exercée ne peut être invoquée par le prévenu de contrefaçon, si ce brevet est encore en vigueur, mais seulement par le titulaire ou le possesseur du premier brevet.

De la saisie.

La saisie ne peut être effectuée qu'en vertu d'une autorisation du président du tribunal de première instance, auquel on a préalablement présenté une requête à cet effet, en y joignant le brevet et toutes les pièces qui peuvent établir la contrefaçon.

L'ordonnance du président, autorisant la saisie, indique les formes dans lesquelles elle devra avoir lieu, c'est-à-dire, si elle sera descriptive ou effective.

La saisie descriptive n'ôte pas au propriétaire le droit de se servir des objets saisis, mais il ne peut les faire disparaître.

Dans le délai de huit jours à partir de la saisie, le requérant est tenu de se pourvoir devant le tribunal civil ou correctionnel; passé ce délai, la saisie devient nulle de plein droit, sans préjudice des dommages-intérêts qui pourront être réclamés.

Une saisie pratiquée à tort par un breveté le rend passible de dommages-intérêts envers celui qu'il a saisi, et ils sont d'autant plus considérables que le dommage causé a été plus grand.

Il est donc important, dans un cas semblable, d'agir avec toute la prudence convenable, et de ne recourir à une saisie effective qu'autant que les intérêts en jeu en font une nécessité absolue, et que le breveté peut avoir à craindre que le contrefacteur ne dissimule une partie, soit des objets fabriqués, soit des machines qui ont servi à les produire.

Nécessité de l'action combinée du conseil juridique et du conseil technique.

En résumé, les circonstances de toutes sortes qui peuvent se présenter en matière de brevets d'invention, en ont rendu la législation d'une étude très-complexe. A moins d'une grande habitude, il est impossible que celui qui se trouve sous le coup d'une action judiciaire relative à ces questions, qu'il attaque ou se défende, puisse diriger convenablement les phases successives de semblables procès. Il est donc indispensable d'en remettre la direction aux mains de l'un des jurisconsultes spéciaux qui ont fait une étude toute particulière des questions relatives aux brevets d'invention, et qu'une pratique journalière de ces affaires a familiarisés avec la jurisprudence délicate dont elles sont le sujet.

Un point sur lequel nous insistons, c'est la nécessité de remettre l'affaire, dès son début, aux mains du conseil juridique que l'on a choisi. La manière dont une affaire est engagée, peut, en effet, avoir l'influence la plus considérable sur son résultat, et il est possible ainsi d'éviter certaines imprudences, souvent très-légères en apparence, mais qui peuvent, cependant, compromettre très gravement les intérêts engagés.

Dans la plupart des contestations relatives aux brevets d'invention, l'action combinée d'un conseil juridique et d'un conseil industriel, est de toute nécessité;

Presque toutes, elles exigent des recherches d'antériorités, des études d'analogies, des rédactions de mémoires techniques, dont peut seul se charger le conseil industriel.

En un mot, l'un dirige l'action et l'autre l'éclaire en fournissant tous les renseignements techniques qui peuvent être nécessaires.

Du choix d'un mandataire-conseil.

Nous avons indiqué toute l'importance des diverses questions que doit résoudre l'inventeur, avant de faire la demande de son brevet; nous avons également appuyé sur la nécessité de préparer les différentes pièces, « dessins et mémoire descriptif », de manière à constituer un titre sérieux qui, mettant en relief le mérite et la nouveauté de l'invention, laisse le moins possible prise à de fausses interprétations.

Il ne suffit pas, en effet, d'avoir obtenu un brevet, pour jouir avec sécurité du privilége exclusif d'exploitation d'une découverte; il faut encore que ce brevet présente toutes les garanties possibles de solidité, ce qui ne peut avoir lieu qu'autant qu'il est rédigé conformément à l'esprit de la loi et en vue des éventualités de l'avenir.

Parfaitement pénétrés de l'importance d'une bonne rédaction, la plupart des inventeurs confient à des ingénieurs spécialistes le soin de préparer les pièces de leurs demandes. Ils ne font en cela que suivre l'usage adopté en Angleterre et dans la plupart des pays étrangers, où les brevets sont demandés par l'entremise de mandataires spéciaux accrédités près de l'administration.

L'inventeur exige donc, à bon droit, que celui auquel il confie le soin de ses intérêts, présente toutes les garanties de nature à le rassurer sur l'exécution du travail dont il le charge.

Ce travail comprend deux parties distinctes qui, l'une et l'autre, ont leur importance : accomplissement des formalités administratives; préparation des pièces.

Il en résulte que les connaissances que doit réunir l'ingénieur qui s'occupe de la représentation des inventeurs, doivent être aussi variées qu'étendues, afin qu'il lui soit possible de répondre, dans tous les cas, aux demandes qui lui sont faites et aux exigences des fonctions qu'il est appelé à remplir.

En effet, les circonstances dans lesquelles l'ingénieur est appelé à intervenir, en ce qui concerne les questions de brevets d'invention, deviennent chaque jour plus fréquentes, tant à cause de la richesse croissante du domaine public et du nombre de plus en plus considérable des brevets qui sont demandés, qu'en raison de l'accroissement des relations internationales que viennent faciliter les nouveaux traités de commerce avec l'étranger.

Quelles sont donc les circonstances dans lesquelles l'inventeur peut être appelé à rechercher le concours ou les conseils de son mandataire?

C'est ce que nous nous proposons d'examiner.

Nous ne nous appesantirons pas sur la représentation pure et simple de l'inventeur auprès de l'administration lorsqu'il s'agit de remplir en son nom les formalités nécessaires pour l'obtention, soit en France, soit à l'étranger, d'un brevet dont toutes les pièces ont été préparées d'une manière complète. Ce cas se présente rarement et n'exige du mandataire *qu'une connaissance approfondie des formalités administratives exigées par chaque pays.*

Le plus souvent, l'inventeur, après avoir créé, soit par la pensée, soit de toutes pièces, l'appareil, la machine, le procédé, le système qu'il a découvert ou perfectionné, se trouve en présence des difficultés réelles que présente la représentation graphique de son invention. Dans le cas où l'inventeur, peu familiarisé avec les règles du dessin industriel, ne peut donner à son mandataire que des indications verbales ou un croquis indiquant les parties essentielles de l'invention, il faut que ce dernier, à l'aide de ces renseignements, reproduise l'ensemble du système de manière à en faire comprendre le fonctionnement, et donne aux différentes pièces les formes et les proportions qui permettent de les exécuter. Si le brevet ne représentait que le croquis primitif, il ne garantirait que l'idée, le principe de l'invention et non les moyens d'exécution. Dans une circonstance semblable, le mandataire doit donc joindre *à la pratique du dessin industriel, les connaissances mécaniques de l'ingénieur.*

Un certain nombre d'inventeurs, travaillant dans l'isolement et en dehors du mouvement de l'industrie, ont besoin d'être renseignés sur la valeur et l'opportunité d'inventions dont rien n'a pu leur démontrer le plus ou moins de nouveauté ; il est indispensable qu'ils soient guidés dans les recherches qu'ils ont à faire pour s'éclairer et qu'ils puissent compter sur une appréciation exacte des antériorités qui peuvent se rencontrer. Dans ce cas, le mandataire devient un conseil, et il doit être éclairé et désintéressé, afin de prémunir, au besoin, l'inventeur contre ses propres entraînements, et il ne doit pas craindre d'exprimer ouvertement son opinion sur le mérite et l'avenir de l'invention qui lui est présentée.

Pour remplir convenablement une semblable mission, le mandataire doit joindre à une grande indépendance de caractère, *une connaissance particulière des machines, appareils et procédés employés dans les manufactures, et s'être tenu au courant, par la nature de ses travaux, des progrès réalisés dans les différentes branches de l'industrie.*

Lorsqu'il s'agit de la demande de brevets à l'étranger, l'intervention d'un mandataire devient plus nécessaire encore.

Dans ces circonstances l'inventeur, qui veut éviter des frais inutiles, cherche à se renseigner sur les pays dans lesquels son invention pourra trouver une application plus prompte, et désire s'éclairer sur les prescriptions spéciales des diverses législations étrangères, dont l'accomplissement est indispensable tant pour obtenir le brevet que pour en assurer la conservation ; il veut également être fixé sur le parti qu'il peut espérer tirer des sacrifices qu'il fera pour obtenir son privilége, qu'il l'exploite lui-même ou veuille en faire la cession.

Pour remplir utilement ce mandat, le fondé de pouvoir de l'inventeur doit avoir *une connaissance complète des diverses législations étrangères,* et être en rapport, dans les différents pays, avec des correspondants d'une honorabilité notoire ; il doit surtout se garder, avec le plus grand soin, d'entretenir dans l'esprit de son mandant des illusions dangereuses, tant sur le chiffre probable des cessions, que sur la facilité de les opérer ; il lui doit la vérité la plus entière sur toutes les questions qui lui sont posées, sous peine d'assumer une responsabilité sérieuse.

Beaucoup d'inventeurs voient leurs efforts et leurs sacrifices rester stériles, parce qu'ils ne sont pas en position, pour une cause ou une autre, de tirer parti de leur invention. Dans de telles circonstances, il serait à désirer que le mandataire fût en mesure, par sa connaissance des affaires industrielles, d'indiquer au breveté la voie pratique qu'il doit suivre pour chercher à propager son invention, et que ses relations lui permissent, au besoin, d'accréditer l'inventeur près des industriels auxquels la découverte pourrait plus particulièrement convenir. Dans de telles circonstances, les relations qui sont la conséquence de *l'exercice de la profession d'ingénieur* seront, pour le mandataire, un puissant moyen d'action.

Dans les procès en contrefaçon dont les brevets sont souvent le sujet, l'inventeur, livré à ses propres ressources, aurait souvent la plus grande difficulté à fournir à son conseil juridique les documents sur lesquels doit s'appuyer l'action qu'il intente, ou contre laquelle il se défend. Les mémoires techniques sont donc rédigés par le mandataire d'après les recherches qu'il a effectuées.

Dans les transactions relatives aux ventes ou cessions de brevets, le mandataire est également appelé à intervenir comme conseil ; et, dans ce cas comme dans le précédent, il ne peut le faire avec fruit qu'autant qu'il est initié aux *questions de jurisprudence et aux divers arrêts qui en forment la base.*

Enfin, dans beaucoup de circonstances, l'inventeur désire trouver dans son mandataire un concours plus actif encore, en lui confiant l'étude des plans d'exécution de son invention et en le chargeant d'en suivre la construction et d'en diriger l'installation. Ces fonctions, qui sont spécialement du domaine de l'ingénieur et en exigent les connaissances, se lient d'ailleurs trop étroitement avec la nature même des travaux qui lui sont généralement demandés, pour qu'on ne considère pas comme indispensable que des études spéciales lui aient permis d'acquérir le titre d'ingénieur et d'en exercer la profession.

Des quelques exemples qui précèdent et qui pourraient être multipliés à l'infini, il résulte que, pour l'inventeur, le choix du mandataire auquel il confiera le soin de ses intérêts est loin d'être indifférent ; il faut, pour que son concours puisse être utile dans les diverses circonstances que nous avons énumérées, qu'il réunisse les conditions suivantes :

Avoir fait une étude toute spéciale des législations qui régissent les brevets d'invention ;

S'être tenu au courant, par la nature de ses travaux, des progrès réalisés dans les différentes branches de l'industrie ;

Avoir fait des études qui l'aient familiarisé avec les sciences industrielles ;

Posséder les connaissances techniques, en mécanique et en construction, qui constituent la science de l'ingénieur ;

Exercer la profession d'ingénieur civil.

Pouvoirs.

Nous indiquerons dans la troisième partie quelle est, pour chaque pays, la nature du pouvoir qui doit être remis par l'inventeur à celui qui doit le représenter.

Quelles que soient les formalités de législation, etc., par lesquelles le pouvoir doit passer, la rédaction n'en est en rien modifiée; et, comme il arrive fréquemment que des personnes éloignées sont embarrassées pour le rédiger d'une manière convenable, nous donnons les modèles des deux formes les plus usitées, l'une se rapportant aux demandes de brevets en France et l'autre aux demandes faites à l'étranger.

MODÈLE DE POUVOIR POUR LA FRANCE.

. . . ., soussigné. . . . . (*nom, prénoms, qualité et demeure*), donn. . . . par ce présent, pouvoir à M. . . . de, pour. . . . . et en. . . . . nom, former à la Préfecture de la Seine la demande régulière d'un brevet d'invention de quinze ans et de tous certificats d'addition, s'il y avait lieu, pour. . . . . (*Indiquer le titre de l'invention ou laisser la place en blanc, s'il doit être mis par le mandataire*). . . . .

Déposer, en conséquence, le montant de la taxe, signer toutes pièces, lever l'expédition des brevets, substituer au besoin, et remplir enfin toutes les formalités voulues par la loi pour la réalisation du présent mandat.

. . . . . le. . . . . 18. . .

Bon pour pouvoir.

(*Signature.*)

MODÈLE DE POUVOIR POUR LA FRANCE OU L'ÉTRANGER

LORSQU'IL A DÉJA ÉTÉ PRIS UN BREVET DANS UN AUTRE PAYS.

. . . ., soussigné. . . . . . (*nom, prénoms, qualité et demeure*), donn. . . par ce présent, pouvoir à Monsieur. . . . . . (*laisser le nom du mandataire en blanc*). . . , de, pour. . . . . et en. . . . . . nom, former en. . . . . . la demande régulière d'un brevet . . . . . . de. . . . . ans, et de tous certificats d'addition, s'il y avait lieu, pour . . . . . (*indiquer le titre de l'invention, ou laisser la place en blanc s'il doit être mis par le mandataire*). . . . . déclarant que j'ai pris un brevet en. . . . . (*indiquer le pays*). . . pour le même objet, le . . . (*indiquer la date*). . . .

Déposer, en conséquence, le montant de la taxe, signer toutes pièces, faire toutes réclamations, substitutions ou demandes de prolongations, lever l'expédition dudit brevet et accomplir enfin toutes les formalités voulues par les lois.

..... le..... 18...

Bon pour pouvoir.

(*Signature.*)

TROISIÈME PARTIE.

BREVETS DEMANDÉS A L'ÉTRANGER

TABLEAU SYNOPTIQUE

CONTENANT

L'Interprétation pratique et comparative des législations française et étrangères sur les Brevets d'invention dans les différents pays qui protégent la propriété industrielle.

TROISIÈME PARTIE

BREVETS DEMANDÉS A L'ÉTRANGER.

Il est important que celui qui veut prendre des brevets d'invention à l'étranger soit exactement renseigné sur ce qu'il peut avoir à craindre ou à espérer suivant les pays qu'il a en vue, et sur les conditions spéciales qui sont exigées.

Nous donnons donc, dans cette troisième partie de notre travail, le résumé raisonné des diverses législations étrangères, et nous y avons joint le résumé de la législation française, afin de faciliter l'étude des comparaisons; mais, en dehors des règlements spéciaux adoptés par chaque pays en particulier, il faut tenir compte de certaines considérations d'ensemble, et surtout de l'interprétation pratique de la loi et des règles qui président à son application; la connaissance de ces diverses conditions est de nature à guider l'inventeur sur le choix du pays, la nature du privilége à réclamer et le moment où sa demande doit être formulée.

Outre la crainte d'être devancé dans sa demande de brevet à l'étranger, la principale préoccupation de l'inventeur doit être de remplir les conditions qui peuvent assurer, au privilége qu'il sollicite, toutes les garanties possibles de solidité, d'autant mieux qu'en raison de l'éloignement, la défense de ses droits et la répression des atteintes qui pourraient y être portées, ne pourront pas s'exercer avec autant de facilité que dans son propre pays.

L'une des causes qui peuvent invalider un brevet à l'étranger consiste dans la publicité antérieure donnée à l'invention dans le pays où elle est née. Cette cause constitue, avec la possibilité d'être devancé par un tiers, une nécessité pour l'inventeur d'apporter le moins de retard possible dans ses demandes; c'est, à notre avis, la seule manière pour lui de se prémunir contre des indiscrétions dont il ne peut toujours apprécier le danger, quoique le plus grand nombre des législations étrangères posent en principe que l'inventeur véritable est spécialement garanti.

Nous allons examiner si l'efficacité de cette protection est aussi réelle en pratique que le texte des diverses lois permettrait de l'espérer.

Protection accordée au véritable inventeur. — Au point de vue de la protection accordée au véritable inventeur, les principaux pays qui protégent la propriété industrielle peuvent se diviser en plusieurs catégories.

1° Pays dans lesquels la loi stipule que le brevet ne peut être accordé qu'au véritable inventeur, mais qui n'exigent pas que le demandeur justifie de cette qualité :

Belgique;
France;
Norwége;
Paraguay;

Pologne;
Russie;
Suède.

Ces différents pays n'exigent pas que le pétitionnaire justifie de sa qualité d'inventeur; il en résulte que le premier venu peut demander et obtenir un brevet d'importation, l'inventeur véritable eût-il déjà obtenu ailleurs un privilége d'invention.

Plusieurs de ces pays, la Norwége, la Suède, la Pologne et la Russie, n'accordent cependant le brevet qu'après un examen du mérite et de la nouveauté de l'invention, sans toutefois, ainsi que nous l'avons dit, se préoccuper des droits du pétitionnaire. Il en résulte que, si la découverte primitivement privilégiée ailleurs n'a pas reçu une certaine publicité, le brevet est accordé, et qu'il peut être refusé si le comité d'examen a eu connaissance de cette publicité antérieure; nous verrons plus loin que dans ce dernier cas, le brevet serait également refusé à l'inventeur dans la plupart des pays qui examinent les demandes, et qu'il se trouverait sous le coup de la déchéance dans ceux qui ne procèdent pas à un examen préalable.

Que devient donc alors la position de l'inventeur qui a été devancé, à l'étranger, par un tiers auquel le brevet a été accordé? Les diverses législations lui reconnaissent le droit de poursuivre judiciairement la répression du préjudice qui lui a été causé; mais, à moins que les intérêts en jeu ne soient excessivement graves, ne devra-t-il pas sagement reculer devant les frais et les dérangements qu'occasionnera la nécessité de suivre un tel procès devant une juridiction étrangère dont les lois et les habitudes ne lui sont pas familières? Il le fera, et avec d'autant plus de raison que la seule satisfaction qu'il puisse retirer du gain de son procès, serait de faire déclarer nul le brevet attribué à son détriment;

mais, dans la plupart des cas, il ne pourra revendiquer pour lui-même le brevet qu'il n'aura pas sollicité, ou qu'il aura demandé trop tard, puisque, par le fait de la divulgation et de la déchéance du brevet faussement délivré au plagiaire, l'invention sera tombée dans le domaine public.

2° Pays dans lesquels la loi stipule que le brevet d'importation ne peut être valablement accordé qu'au véritable inventeur, sur la présentation du brevet antérieurement délivré à l'étranger :

Autriche ;
Bade (grand-duché de) ;
Bavière ;
États-Romains ;
Hanovre ;
Italie ;
Portugal ;
La plupart des petits États de l'Allemagne.

Cette exigence de la loi, qui semble tout en faveur du véritable inventeur, ne le protége cependant que très imparfaitement.

En effet, ces divers pays ne peuvent exiger la présentation du brevet antérieurement délivré à l'étranger, qu'autant que le privilége qui leur est demandé est un brevet d'importation ; or, dans l'impossibilité où il se trouve de produire ce titre, le plagiaire peut formuler une demande de brevet d'invention qui le dispense de remplir cette formalité, et le privilége lui sera accordé sans difficulté, s'il a présenté sa requête assez tôt pour que l'invention ne soit pas encore parvenue à la connaissance des commissions d'examen auxquelles les demandes sont soumises dans la plupart des pays que nous venons de citer.

Il reste bien à l'inventeur la ressource que nous indiquions plus haut, qui consiste à intenter un procès à son spoliateur; mais, outre les difficultés que nous avons énumérées, la demande du brevet ayant constitué une divulgation, le véritable inventeur est sans droits pour revendiquer le privilége à son profit, et la découverte tombe dans le domaine public.

3° Pays qui accordent un brevet au premier importateur d'une découverte, qu'il soit, ou non, l'inventeur :

Brésil ;
Chili, Pérou, Nouvelle-Grenade ;
Danemarck ;
Espagne ;
Hollande ;
Prusse ;
Rio-de-la-Plata ;
Saxe ;
Wurtemberg.

Dans ces différents pays, la spoliation est complète, et l'inventeur ne peut même jouir de la satisfaction de punir celui qui l'a dépouillé, en faisant déchoir le brevet obtenu, car la loi n'indique aucun recours contre lui.

4° En Angleterre et aux États-Unis, la loi exige que celui qui dépose une demande de patente, prête serment qu'il croit être le véritable inventeur.

Cette exigence qui, pour certains esprits élevés, peut constituer une barrière infranchissable, ne présente pas, cependant, d'obstacles matériels suffisants pour détourner du but celui qui n'est pas arrêté par la pensée de nuire à son prochain.

L'inventeur dépouillé n'a donc que la voie d'un procès qui n'a d'autre effet que de faire tomber l'invention dans le domaine public ;

5° Enfin, parmi les pays que nous avons cités, désignons :

Le Wurtemberg, qui stipule que, pendant la durée du brevet d'invention ou d'importation, le droit exclusif qu'il confère ne peut être attaqué par un tiers ;

Le Portugal, dans lequel toute action contre l'inventeur ou l'introducteur est prescrite, s'il a fait tranquillement usage de la moitié du terme de son privilége ;

Les États-Romains, dans lesquels une patente ne peut être contestée que dans les six premiers mois de la délivrance.

Disons enfin que certains pays allemands protégent plus particulièrement l'inventeur, s'il est habitant de l'un des États de l'union douanière connue sous le nom de Zollverein.

De ce qui précède, il résulte que l'inventeur n'est pas protégé à l'étranger contre celui qui s'approprie son idée, et que, si son premier soin doit être d'éviter toute divulgation personnelle, son intérêt lui commande de s'assurer ses priviléges étrangers le plus tôt possible après la demande de son premier brevet, s'il n'aime mieux déposer toutes ses demandes ensemble.

Cette dernière manière d'opérer présente cet avantage que, les diverses demandes étant formulées à la même époque, les priviléges accordés seront tous des brevets d'invention ; cela permettra au pétitionnaire d'éviter les frais et les lenteurs amenées souvent par les demandes de brevets d'importation, qui nécessitent la présentation du titre officiel ou une copie authentique du premier privilége obtenu. De plus, les brevets d'invention ont, dans la plupart des pays étrangers, une plus longue durée que les brevets d'importation.

Publicité antérieure. — Il est également très-important pour l'inventeur qui veut se faire privilégier à l'étranger, d'éviter toute espèce de publicité antérieure et d'être éclairé sur les conséquences qui peuvent en résulter.

Beaucoup de personnes, après s'être fait breveter en France, attendent, pour demander leurs brevets étrangers, qu'un commencement d'exploitation leur ait indiqué si leur invention présente des chances de succès; ils espèrent également pouvoir affecter leurs premiers bénéfices aux dépenses nécessitées par leurs demandes à l'étranger.

Au point de vue auquel se place l'inventeur, cette manière d'opérer présente évidemment de nombreux avantages; mais il est utile d'examiner quelle influence peut exercer cette divulgation sur l'obtention et la validité des priviléges sollicités ultérieurement.

La publicité antérieure peut avoir lieu de différentes manières:

1° Par la publication de l'invention dans un ouvrage imprimé;

2° Par la divulgation provenant de la mise en exploitation de la découverte;

3° Par suite de la délivrance du brevet qui, suivant le pays, peut être mis à la disposition du public ou être publié en entier.

Si la découverte brevetée en France, par exemple, a été importée et mise en exploitation dans un pays étranger avant que l'inventeur l'y ait fait garantir par un brevet, le privilége, alors qu'il sera délivré, se trouvera placé sous le coup de la déchéance par suite du manque de nouveauté, cette dernière condition étant exigée par toutes les législations.

En ce qui concerne la publicité donnée à l'invention dans un ouvrage imprimé, les différents pays que nous avons cités peuvent se diviser comme suit :

1° Pays dans lesquels la publicité antérieure, même à l'étranger, peut amener le refus de délivrer le brevet par suite de l'examen préalable auquel les demandes sont soumises :

Autriche;
Bade (grand-duché de);
Bavière;

États-Unis;
Hanovre;
Hollande;
Norwége;
Pologne;
Prusse;
Russie;
Saxe;
Wurtemberg;
La plupart des petits États de l'Allemagne.

2° Pays dans lesquels la demande n'est pas soumise à un examen préalable, mais qui stipulent que la publicité antérieure, même à l'étranger, constitue une cause de déchéance :

Belgique;
France;
Grande-Bretagne;
Italie;
Paraguay;
Rio-de-la-Plata.

3° Pays qui n'indiquent pas la publicité étrangère donnée à l'invention, comme constituant une cause de nullité du brevet d'importation, mais qui exigent sa nouveauté dans le pays :

Brésil;
Chili, Pérou, Nouvelle-Grenade;
Danemarck;
Espagne;
États-Unis;

États-Romains ;
Portugal ;
Suède.

4° Enfin, notons, parmi les pays que nous avons cités, ceux qui indiquent, sur cette matière, quelques stipulations spéciales :

Les États-Romains, qui accordent un brevet d'une moindre durée aux inventions qui ont été l'objet d'une publicité antérieure ;

La Belgique, qui fait partie de la deuxième série, et qui admet toute publicité provenant du fait d'une prescription légale;

L'Italie, qui fait partie de la même série, et qui admet que l'invention ait été publiée par suite du brevet étranger ;

Les États-Unis, qui accordent la patente à l'inventeur, si sa découverte a été publiée à l'étranger sans son consentement;

La Suède, qui accorde un privilége à l'inventeur ayant obtenu à l'étranger un brevet pour sa découverte, et qui a dû publier en même temps une description de la manière d'exercer cette invention.

Il est facile de voir, par ce qui précède, qu'en ce qui concerne les pays étrangers, le danger se présente à l'inventeur, soit sous une forme, soit sous une autre, s'il tarde trop longtemps à y faire établir ses droits.

Nous devons dire, cependant, qu'en pratique, les questions de spoliation ou de déchéance ne sont pas fréquemment soulevées; mais nous ajouterons que, s'il en est ainsi, c'est que les inventeurs, n'ayant pas su, jusqu'à ce jour, tirer un parti suffisant de leurs priviléges étrangers, se sont rarement trouvés en présence d'une application sérieuse des lois qui régissent la propriété industrielle. Les traités de commerce internationaux, en multipliant nos rapports avec l'étranger, auront pour conséquence, en augmentant le chiffre des brevets qui y sont demandés, d'accroître le nombre des transactions dont ils seront l'objet; et, en présentant aux inventeurs les conséquences qui découlent du texte même des législations étrangères, nous avons eu surtout en vue de les prémunir contre les dangers d'une trop grande confiance, et de leur démontrer la difficulté de recouvrer les droits que, par ignorance ou par faiblesse, ils auraient pu laisser péricliter.

Choix du pays dans lequel le privilége doit être d'abord demandé. — Nous ne terminerons pas l'étude de cette question si importante, sans présenter quelques considérations de nature à guider l'inventeur qui veut se faire breveter dans plusieurs pays à la fois, sur le choix du pays par lequel il devra débuter.

Dans certains pays, les priviléges sont accordés pour un terme plus long que dans les autres : prenons pour exemples, la Belgique, qui délivre des brevets de vingt ans, et la France, qui limite la durée *maxima* à quinze ans. Le brevet dit d'importation finissant, en général, dans la limite *maxima* fixée par la loi, avec le brevet étranger pris antérieurement pour le même objet, l'intérêt de l'inventeur lui conseillerait de se faire d'abord privilégier en Belgique, puisque, lorsqu'au bout de quinze ans son brevet français serait expiré, son brevet belge aurait encore cinq années d'existence; tandis que, si le privilége français a été obtenu le premier, les deux brevets expireront en même temps.

Ceci est exact en théorie, mais il faut tenir compte de ce fait, que la loi française, notamment, a consacré en principe que le privilége d'importation prend fin avec le brevet étranger. *quelle que soit la cause qui ait terminé son existence : expiration du terme, nullité, déchéance, etc.*

Or, en admettant que, par suite de la difficulté d'exploiter son invention dans deux pays, l'inventeur breveté en Belgique, puis en France, cède ses droits dans le premier État, se réservant l'exploitation en France pays auquel sa découverte est plus spécialement appropriée et qu'il habite, il en résultera que la validité du brevet qu'il aura conservé sera à la discrétion de son cessionnaire, et que si, par négligence, insuccès, défaut de payement des taxes, perte d'un procès ou tout autre motif, ce dernier laisse déchoir le titre qu'il a acquis, le brevet français se trouvera, par ce fait, placé sous le coup de la déchéance.

Il est donc important de tenir compte de cette éventualité dans le choix que l'on doit faire, et il ne nous paraît point douteux que l'inventeur, sacrifiant un intérêt éloigné à une sécurité présente, doit prendre son premier brevet dans le pays où il compte exploiter lui-même son invention, et où il peut le mieux remplir les conditions qui en assurent la conservation.

TABLEAU SYNOPTIQUE.

TABLEAU SYNOPTIQUE et COMPARATIF des Législations Française et Étrangères sur les Brevets d'invention.

…YS	QUI PEUT ÊTRE … BREVETÉ.	NATURE DE L'INVENTION.	DATE DU PRIVILÉGE.	NATURE DU PRIVILÉGE.	DURÉE DU PRIVILÉGE.	TAXES.		MODE DE PAYEMENT DES TAXES ET …	PROLONGATIONS.	NATURE DE …	PUBLICATION ET COMMUNICATION.	DÉLAI ACCORDÉ POUR LA MISE EN EXPLOITATION.	INTRODUCTION.	CESSIONS.	NOMBRE ET NATURE DES PIÈCES À FOURNIR. — OBLIGATIONS PARTICULIÈRES.	NATURE DU POUVOIR À … DU MANDATAIRE.	CAUSES D'INVALIDITÉ.
…ICHE.	[illegible]	[illegible]	[illegible]	[illegible]	[illegible]	[illegible]	[illegible]	[illegible]	[illegible]	[illegible]	[illegible]	[illegible]	[illegible]	[illegible]	[illegible]	[illegible]	[illegible]
… de BADE.	[illegible]	[illegible]	[illegible]	[illegible]	[illegible]	[illegible]	[illegible]	[illegible]	[illegible]	[illegible]	[illegible]	[illegible]	[illegible]	[illegible]	[illegible]	[illegible]	[illegible]
…ES.	[illegible]	[illegible]	[illegible]	[illegible]	[illegible]	[illegible]	[illegible]	[illegible]	[illegible]	[illegible]	[illegible]	[illegible]	[illegible]	[illegible]	[illegible]	[illegible]	[illegible]
…QUE.	[illegible]	[illegible]	[illegible]	[illegible]	[illegible]	[illegible]	[illegible]	[illegible]	[illegible]	[illegible]	[illegible]	[illegible]	[illegible]	[illegible]	[illegible]	[illegible]	[illegible]
…IS.	[illegible]	[illegible]	[illegible]	[illegible]	[illegible]	[illegible]	[illegible]	[illegible]	[illegible]	[illegible]	[illegible]	[illegible]	[illegible]	[illegible]	[illegible]	[illegible]	[illegible]
PÉROU. …ENADE.	[illegible]	[illegible]	[illegible]	[illegible]	[illegible]	[illegible]	[illegible]	[illegible]	[illegible]	[illegible]	[illegible]	[illegible]	[illegible]	[illegible]	[illegible]	[illegible]	[illegible]

TABLEAU SYNOPTIQUE et COMPARATIF des Législations Française et Étrangères sur les Brevets d'invention.

PAYS	QUI PEUT ÊTRE VALABLEMENT BREVETÉ.	NATURE DE L'INVENTION.	DATE DU PRIVILÈGE.	NATURE DU PRIVILÈGE.	DURÉE DU PRIVILÈGE.	TAXES.	MODE DE PAYEMENT DES TAXES ET [illegible]	PROLONGATIONS.	NATURE DE L'EXAMEN.	PUBLICATION ET COMMUNICATION.	DÉLAI ACCORDÉ POUR LA MISE EN EXPLOITATION.	INTRODUCTION.	CESSIONS.	NOMBRE ET NATURE DES PIÈCES À FOURNIR — OBLIGATIONS PARTICULIÈRES.	NATURE DU POUVOIR À DONNER AU MANDATAIRE.	CAUSES D'INVALIDITÉ.
DANEMARCK et ses duchés.	[illegible]	[illegible]	[illegible]	[illegible]	[illegible]	[illegible]	[illegible]	[illegible]	[illegible]	[illegible]	[illegible]	[illegible]	[illegible]	[illegible]	[illegible]	[illegible]
ESPAGNE. Il faut une demande spéciale pour chacune des Colonies : CUBA — ILES PHILIPPINES — PORTO-RICO.	[illegible]	[illegible]	[illegible]	[illegible]	[illegible]	[illegible]	[illegible]	[illegible]	[illegible]	[illegible]	[illegible]	[illegible]	[illegible]	[illegible]	[illegible]	[illegible]
ÉTATS-UNIS D'AMÉRIQUE.	[illegible]	[illegible]	[illegible]	[illegible]	[illegible]	[illegible]	[illegible]	[illegible]	[illegible]	[illegible]	[illegible]	[illegible]	[illegible]	[illegible]	[illegible]	[illegible]
ÉTATS-ROMAINS.	[illegible]	[illegible]	[illegible]	[illegible]	[illegible]	[illegible]	[illegible]	[illegible]	[illegible]	[illegible]	[illegible]	[illegible]	[illegible]	[illegible]	[illegible]	[illegible]
FRANCE.	[illegible]	[illegible]	[illegible]	[illegible]	[illegible]	[illegible]	[illegible]	[illegible]	[illegible]	[illegible]	[illegible]	[illegible]	[illegible]	[illegible]	[illegible]	[illegible]

TABLEAU N° [illegible]

TABLEAU SYNOPTIQUE et COMPARATIF des Législations Française et Étrangères sur les Brevets d'invention.

…YS	QUI PEUT ÊTRE [illegible]	NATURE DE L'INVENTION.	DATE DU PRIVILÈGE.	NATURE DU PRIVILÈGE.	DURÉE DU PRIVILÈGE.	TAXES. [illegible]	TAXES. [illegible]	MODE DE PAIEMENT DES TAXES ET ÉPOQUE [illegible]	PROLONGATIONS.	NATURE DE L'EXAMEN.	PUBLICATION ET COMMUNICATION.	DÉLAI ACCORDÉ POUR LA MISE EN EXPLOITATION. [illegible]	[illegible]	CESSIONS.	NOMBRE ET NATURE DES PIÈCES À FOURNIR. OBLIGATIONS PARTICULIÈRES.	NATURE [illegible]	CAUSES D'INVALIDITÉ.
…BRETAGNE. [illegible]	[illegible]	[illegible]	[illegible]	[illegible]	[illegible]	[illegible]	[illegible]	[illegible]	[illegible]	[illegible]	[illegible]	[illegible]	[illegible]	[illegible]	[illegible]	[illegible]	[illegible]
…OVRE. [illegible]	[illegible]	[illegible]	[illegible]	[illegible]	[illegible]	[illegible]	[illegible]	[illegible]	[illegible]	[illegible]	[illegible]	[illegible]	[illegible]	[illegible]	[illegible]	[illegible]	[illegible]
…ANDE. [illegible]	[illegible]	[illegible]	[illegible]	[illegible]	[illegible]	[illegible]	[illegible]	[illegible]	[illegible]	[illegible]	[illegible]	[illegible]	[illegible]	[illegible]	[illegible]	[illegible]	[illegible]
…ALIE. [illegible]	[illegible]	[illegible]	[illegible]	[illegible]	[illegible]	[illegible]	[illegible]	[illegible]	[illegible]	[illegible]	[illegible]	[illegible]	[illegible]	[illegible]	[illegible]	[illegible]	[illegible]

TABLEAU SYNOPTIQUE et COMPARATIF des Législations Françaises et Étrangères sur les Brevets d'invention.

PAYS	QUI PEUT ÊTRE BREVETÉ	NATURE DE L'INVENTION	DATE DU PRIVILÈGE	NATURE DU PRIVILÈGE	DURÉE DU PRIVILÈGE	TAXES	MODE DE PAYEMENT DES TAXES	PROLONGATIONS	NATURE DE L'EXAMEN	PUBLICATION ET COMMUNICATION	DÉLAI ACCORDÉ POUR LA MISE EN EXPLOITATION	INTRODUCTION	CESSIONS	NOMBRE ET NATURE DES PIÈCES À FOURNIR	NATURE DU TRIBUNAL	CAUSES D'INVALIDITÉ
NORWÈGE	[illegible]	[illegible]	[illegible]	[illegible]	[illegible]	[illegible]	[illegible]	[illegible]	[illegible]	[illegible]	[illegible]	[illegible]	[illegible]	[illegible]	[illegible]	[illegible]
PARAGUAY	[illegible]	[illegible]	[illegible]	[illegible]	[illegible]	[illegible]	[illegible]	[illegible]	[illegible]	[illegible]	[illegible]	[illegible]	[illegible]	[illegible]	[illegible]	[illegible]
POLOGNE	[illegible]	[illegible]	[illegible]	[illegible]	[illegible]	[illegible]	[illegible]	[illegible]	[illegible]	[illegible]	[illegible]	[illegible]	[illegible]	[illegible]	[illegible]	[illegible]
PORTUGAL	[illegible]	[illegible]	[illegible]	[illegible]	[illegible]	[illegible]	[illegible]	[illegible]	[illegible]	[illegible]	[illegible]	[illegible]	[illegible]	[illegible]	[illegible]	[illegible]
PRUSSE	[illegible]	[illegible]	[illegible]	[illegible]	[illegible]	[illegible]	[illegible]	[illegible]	[illegible]	[illegible]	[illegible]	[illegible]	[illegible]	[illegible]	[illegible]	[illegible]
RIO DE LA PLATA	[illegible]	[illegible]	[illegible]	[illegible]	[illegible]	[illegible]	[illegible]	[illegible]	[illegible]	[illegible]	[illegible]	[illegible]	[illegible]	[illegible]	[illegible]	[illegible]
RUSSIE	[illegible]	[illegible]	[illegible]	[illegible]	[illegible]	[illegible]	[illegible]	[illegible]	[illegible]	[illegible]	[illegible]	[illegible]	[illegible]	[illegible]	[illegible]	[illegible]

TABLEAU SYNOPTIQUE et COMPARATIF des Législations Française et Étrangères sur les Brevets d'invention.

PAYS	QUI PEUT ÊTRE VALABLEMENT BREVETÉ.	NATURE DE L'INVENTION.	DATE DU PRIVILÈGE.	NATURE DU PRIVILÈGE.	DURÉE DU PRIVILÈGE.	TAXES. [illegible]	TAXES. [illegible]	MODE DE [illegible] DES TAXES ET [illegible]	PROLONGATIONS.	NATURE DE L'EXAMEN.	PUBLICATION OU COMMUNICATION.	DÉLAI ACCORDÉ POUR LA MISE EN EXPLOITATION.	INTRODUCTION.	CESSIONS.	NOMBRE ET NATURE DES PIÈCES À FOURNIR. OBLIGATIONS PARTICULIÈRES.	NATURE DU [illegible]	CAUSES D'INVALIDITÉ.
SAXE.	[illegible]	[illegible]	[illegible]	[illegible]	[illegible]	[illegible]	[illegible]	[illegible]	[illegible]	[illegible]	[illegible]	[illegible]	[illegible]	[illegible]	[illegible]	[illegible]	[illegible]
SUÈDE.	[illegible]	[illegible]	[illegible]	[illegible]	[illegible]	[illegible]	[illegible]	[illegible]	[illegible]	[illegible]	[illegible]	[illegible]	[illegible]	[illegible]	[illegible]	[illegible]	[illegible]
RTEMBERG.	[illegible]	[illegible]	[illegible]	[illegible]	[illegible]	[illegible]	[illegible]	[illegible]	[illegible]	[illegible]	[illegible]	[illegible]	[illegible]	[illegible]	[illegible]	[illegible]	[illegible]
LLVEREIN.	[illegible]	[illegible]	[illegible]	[illegible]	[illegible]	[illegible]	[illegible]	[illegible]	[illegible]	[illegible]	[illegible]	[illegible]	[illegible]	[illegible]	[illegible]	[illegible]	[illegible]

TABLE.

Pages.

INTRODUCTION 1

PREMIÈRE PARTIE.

DOCUMENTS OFFICIELS.

Loi française sur les brevets d'invention (5 juillet 1844). 7

Arrêté réglant l'application dans les colonies de la loi du 5 juillet 1844 . 22

Loi du 31 mai 1856 qui modifie l'art. 32 de la loi du 5 juillet 1844 sur les brevets d'invention. 25

Instruction ministérielle relative aux demandes de brevets d'invention, en conformité de la loi du 5 juillet 1844. 26

Nouvelle loi sur les marques de fabrique, du 23 juin 1857. 29

Règlement relatif aux marques de fabrique et de commerce, du 26 juillet 1858 36

Lois et ordonnances concernant les dessins de fabrique, les modèles et la sculpture industrielle. 40

DEUXIÈME PARTIE.

NOTIONS PRATIQUES

POUVANT GUIDER L'INVENTEUR QUI VEUT OBTENIR OU QUI POSSÈDE UN BREVET D'INVENTION EN FRANCE.

L'invention est-elle susceptible d'être brevetée ? 54

Sont susceptibles d'être brevetés : 55

Nouveau produit industriel. 55

Résultat industriel. 55

Moyen nouveau. 56

Application nouvelle de moyens connus 57

Pages.
Il y a application nouvelle de moyens connus, indépendamment de l'importance du résultat obtenu. 59
Appareil nouveau formé de la combinaison d'appareils connus. . . . 60
Combinaison spéciale d'agents connus produisant une amélioration dans le résultat. 60
Agencement nouveau d'organes mécaniques. 61
Amélioration dans le résultat obtenu. 61
Idée théorique rendue pratique. 61
Moyen connu appliqué à une industrie différente 62
Substitution d'une matière à une autre. 63
Économie dans la fabrication provenant de l'emploi de nouveaux moyens 63
Propriétés nouvelles d'un corps connu. 65
Modifications ou perfectionnements apportés à une invention tombée dans le domaine public 66
Perfectionnements par l'auteur d'un brevet périmé. 66
Ne sont pas susceptibles d'être brevetés : 67
Changements de formes 67
Ornements. 67
Emplois nouveaux. 67
Substitution d'une matière à une autre. 67
Supériorité dans une fabrication. 67
Système théorique. 68
Compositions pharmaceutiques 68
Plans ou combinaisons de crédit ou de finances. 68
La découverte est-elle nouvelle? 68
Possession antérieure tenue secrète 69
Essais ne comportant pas un caractère public. 70
Essais publics 70
Communication par le ministère d'un brevet antérieur. 71
Divulgation par un ouvrier du breveté. 71
Publicité dans un ouvrage imprimé. 72
Publicité provenant d'un brevet antérieur à l'étranger. 72
Divulgation provenant de la vente. 73
Inventions garanties par un dépôt au tribunal de commerce ou au conseil des prud'hommes.. 73
Privilége de l'inventeur pour perfectionner son invention. 77
De la préparation des pièces du brevet. 78
Canevas préparatoire. 79
Dessins. 79
Mémoire descriptif. 80
De la demande. 81

Pages.

Du titre du brevet. 82
Du dépôt 83
Certificats d'addition et perfectionnements apportés aux inventions brevetées 84
Taxes. 85
Payement des annuités 86
De la transmission et de la cession des brevets. 86
De la communication et de la publication des descriptions et dessins de brevets. 88
Introduction en France d'objets similaires fabriqués à l'étranger. 89
Des nullités et déchéances. 90
Des causes qui peuvent amener la nullité ou la déchéance d'un brevet. . 90
Des actions en nullité et en déchéance. 92
De la contrefaçon. 93
Il y a contrefaçon : 93
Il n'y a pas contrefaçon: 96
Des actions en contrefaçon. 98
Poursuite de la contrefaçon 98
Défense à la poursuite en contrefaçon. 99
De la saisie. 100
Nécessité de l'action combinée du conseil juridique et du conseil technique. 101
Du choix d'un mandataire-conseil. 102
Pouvoirs. 107
Modèle de pouvoir pour la France. 107
Modèle de pouvoir pour la France ou l'étranger. 108

TROISIÈME PARTIE.

BREVETS DEMANDÉS A L'ÉTRANGER.

TABLEAU SYNOPTIQUE ET COMPARATIF DES LÉGISLATIONS FRANÇAISE ET ÉTRANGÈRES SUR LES BREVETS D'INVENTION.

Des brevets demandés à l'étranger. 111
Protection accordée au véritable inventeur. 112
Publicité antérieure 116
Choix du pays dans lequel le privilége doit être d'abord demandé. . 120

TABLEAUX SYNOPTIQUES.

Autriche Bade (grand-duché de) Bavière Belgique Brésil Chili, Pérou, Nouvelle-Grenade	Tableau. .	1
Danemarck Espagne États-Unis d'Amérique États-Romains France	Tableau. .	2
Grande-Bretagne Hanovre Hollande Italie	Tableau. .	3
Norwége Paraguay Pologne Portugal Prusse Rio-de-la-Plata Russie	Tableau. .	4
Saxe Suède Wurtemberg Zollverein	Tableau. .	5

FIN DE LA TABLE.

PARIS. — J. CLAYE, IMPRIMEUR, RUE SAINT-BENOIT, 7.

www.ingramcontent.com/pod-product-compliance
Ingram Content Group UK Ltd.
Pitfield, Milton Keynes, MK11 3LW, UK
UKHW022355090726
13658UKWH00002B/664